乡村创业就业全指导

XIANGCUN CHUANGYE JIUYE QUANZHIDAO

莫尊理◎主编

赵存梅　唐莺轩　高敏◎副主编

甘肃科学技术出版社

图书在版编目（CIP）数据

乡村创业就业全指导 / 莫尊理主编. -- 兰州 ： 甘肃科学技术出版社, 2021.12 (2022.8重印)
ISBN 978-7-5424-2920-9

Ⅰ. ①乡… Ⅱ. ①莫… Ⅲ. ①农业经营-创业-研究-中国②农民-劳动就业-研究-中国Ⅳ. ①F324
②F323.6

中国版本图书馆CIP数据核字(2021)第266299号

乡村创业就业全指导

莫尊理　主编

项目策划　杨丽丽
项目团队　星图说
责任编辑　陈　槟
封面设计　陈妮娜

出　版　甘肃科学技术出版社
社　址　兰州市城关区曹家巷1号　730030
网　址　www.gskejipress.com
电　话　0931-2131576(编辑部)　0931-8773237(发行部)

发　行　甘肃科学技术出版社　　印　刷　兰州万易印务有限责任公司
开　本　880毫米×1230毫米 1/32　　印　张　9　字　数　195千
版　次　2022年6月第1版
印　次　2022年8月第2次印刷
印　数　14001~15000
书　号　ISBN 978-7-5424-2920-9　定　价　23.90元

目录
Contents

乡村创业就业全指导

第一章

乡村创业有法宝　市场环境很重要

第一节　了解市场环境，创业不再盲目

一、农民创业需要了解哪些环境

　　人类从地球上站立起来的那一刻起，便以探索者的姿态，走上了创业道路。人类所生存的地球，在远古时代是什么都没有的，除了浩瀚的宇宙，可以说是一穷二白。但从智人产生，不断地进化到今天，这个过程中，人类的大脑一直在不断进化，人类就越来越聪明。因此人们逐渐开始发挥自己的主观能动性，尝试着进行创业活动，让我们的生活变得欣欣向荣。正是因为有了创新，人们的生活水平更高，幸福感不断提升；正是因为有了创业，社会才会兴旺、国家才会繁荣。现在我们生活中随处可见的高科技产品，无一不是创业者勤劳精神和聪明才智的结晶。

　　今天，我们正处于一个激情澎湃的时代。中国民营企业华为公司创始人任正非缔造了传奇，树立了时代榜样，也

激发了人们的创业梦想。现在很多年轻人的心态发生了变化——与其给别人当打工仔，还不如自己当老板。那么究竟是什么影响着年轻一代想要创业呢？大致有三个原因：首先，中国的经济社会发展目前正坐上"高速列车"前行，高速发展的宏观经济态势使许多创业者有了更多的创业自信，同时也给创业提供了许多机遇。第二，政府也增加了扶持创业者的政策。从2008年开始，相关的就业政策陆续出台，尤其是《就业促进法》的颁布，意味着政府开始以法律的形式对创业者进行帮助，同时放开了报名要求，进行创新培养，并给予创新人才各种补助。第三，近年来由于政策比较支持创业，网络媒体对创业成功案例加大宣传，使很多大学生在积累了相关经验后对创业信心倍增。

在这样有利于创业的大环境影响下，中国出现了一批优秀的农民创业家，他们借助外界环境的优势和自身的智慧，不断突破自我，走上成功的创业之路。他们被称为中国"最会赚钱的农民"。鲁冠球就是其中之一。

鲁冠球，生于1945年，故乡是浙江省杭州市萧山区。他初中毕业就开始打工，这跟他最初的梦想——当一个简简单单的打工人是一致的。后来鲁冠球不满现状，为了改变自己的命运，他看准当时的创业条件和环境，拿着不到一万元的资金，带着几位同乡创办了宁围公社农机厂，那时，他们的产业发展迅速,成了国家重点企业,资产近百亿元,员工超过一万多人,且建立了自己的国家级的重点实验室。他们的实验室里的人基本都是硕士或者博士毕业,之后,还专门成立了自己实验室的博士后工作站,为国家技术的发展做着贡献。鲁冠球从一个农民工成长为备受尊敬的企业家,他的企业——万向集团,也由小变大。初中毕业的鲁冠球为什么能取得如此惊人的成绩呢?从一个普通打工仔到全国"改革先锋",鲁冠球的创业故事时刻都在激励着一代又一代的农民朋友,值得后来的每位创业者去思考和学习。

然而,成功的创业经验能否复制?创业是不是人人都能行?要受自身的内在素质制约,还要受到外部环境的影响。那么创业需要什么样的环境呢?

1.政策环境

在知识爆炸的新时代,创新型人才是时代所需、国家发展所需、社会进步所需、人民生活水平提高所需。中国在政策上首先对创业者给予了一定鼓励。但这并不意味着国家鼓励大家去盲目创业,一定要了解相关政策再去创业。国务院颁布的相关文件有很多,如《国务院办公厅关于支持农民工等人员返乡创业的意见》就支持大学生、退役士兵还有返乡农民工等去返乡创业。有研究者在《中国农民工返乡创业意愿调研报告》中指出,现在有很多农民工都有强烈的回家创业的意愿。这种大众创业、万众创新的局面不仅可以增加他们的收入，而且可以开创我们国家进入全民创新创业的新局面，打开新型工业化和农业现代化、城镇化和新农村建设协同发展的新局面。

那么农民朋友要想创业的话，政府有什么优惠政策呢？

（1）税收方面。并不是每一个创业者都能获得国家税收上的支持，必须要符合当地政策。对于初次创业的人员来说，或者已经开公司并且经营了半年以上的人员来说，申请政府的相关支持是可以的。但若遇到资金短缺等问题，按照国家的相关政策，可参照新型农业经营主体支持政策，从而得到相应的支持，税收给予一定的减免。

（2）创业贷款方面。政府可以帮助创业者获得创业基金，这对于创业者来说是个福音。现在的创业者返乡进行创业，可以向当地政府申请最高不超过15万元的创业贷款，并且是由政府提供担保和贴息。但并不是所有创业者都可以享受这样好的待遇，它有一个前提，就是必须在当地注册企业，并且是第一次进行申请。对于具体的贷款金额，还需要去查看创业者的个人信誉等情况。如果创业者的个人征信非常良好，没有产生过任何的不良信用与负面影响，还是第一次进行创业，而且身份是农民，那么创业者就可以去当地申请这部分创业贷款了。

2.家庭文化

很多人刚开始创业的时候,都会有动力源,一是为了挣钱,起初的想法太简单,希望很快挣点钱,然后过上好日子。二是真的想做点事情。每个人在创业之初所走的路是不一样的,因为刚开始起步的时候一切都很难,你会面临各种各样的压力:有资金的压力,大环境的压力,更重要的是家庭文化对于创业者的压力。很多父母不支持自己的孩子去创业,害怕会亏本。小强就是个活生生的例子,他一开始的想法也很简单,就是希望通过创业多赚点钱,可是每当他跟父母说起这些想法的时候,父母从来都不会听他的,而且每次回家,耳边总会响起父母这样的声音:最近赚了多少钱呀,现在一天能赚多少钱呀等。要知道,创业又不是打工,干一天活就给一天钱,但他的父母是听不懂这些的,他们一辈子的思维模式就是今天干了多少活,然后相对应能拿到多少钱,所以刚开始没挣到什么钱的时候,小强是很难在父母面前有信心的。他一个月回一次家,父母就会问现在能不能赚钱了,你要是说还没有赚钱呢,父母就会担心,甚至会"劝退"。

父母其实就是孩子最好的心灵导师,父母的不认同,对孩子的心理还是会产生一定影响的,父母要做到的就是相信,相信自己孩子所做的任何事情。我们大多数的父母都是支持自己的孩子的,可是一旦谈到创业的时候,很多的父母还是会持反对意见,尤其是农村的孩子。小强最终创业失败了,由此可见,家庭文化对创业能否成功有至关重要的影响。

3.社会环境

在传统观念里,家里的长辈都认为,大学毕业后得到一份稳定的工作实在太重要了。所谓稳定的工作,在长辈眼里那就是考公务员或者进事业单位,要是考上了公务员,那就是得到了"铁饭碗"。但"铁饭碗"非常有限,有些有能力的大学生,他们在大学时期就积累了一定的创业知识,他们常常会选择自己创业。针对此问题,教育部提出,要带动乡村创业,要干的第一件事就是营造适合创业的内部环境。对于大学生来说,毕业后去乡村创业就业是个很好的选择。那么如何营造良好的创业就业环境呢?教育部通过研究,制订了全国高校关于鼓励大学生进行创业的文件,这些文件下发到每个学校,各学校根据文件的内容贯彻落实相关政策,尤其需要加强创新创业的实践部分,各高校都积极行动。一是强力打造新型的人才培养模式,首先是从教师入手。专业的教师团队对于高校而言是至关重要的,有好的老师引导,学生在创业方面走的弯路就会减少许多;二是要长远打算,创业并不是一朝一夕之事,要从长计议,要综合考虑社会、高校、大环境等各方面的因素,重视人才培养和评价制度,打造全方位、多角度综合化的创新创业教育体系。三是大环境。现在的社会可能不允许员工犯错。如你在公司里上班,一不小心犯错了,轻者可能会被领导批评,严重的可能会丢了工作。大环境要树立宽容包容的人才成长机制,否则对于创业者来说就太有压力了。

二、了解农村,认识自己

俗话说"知己知彼,百战不殆",要想在农村扎根创业,必须做足功课,全面充分了解农村的环境。但是仅仅了解农村的环境就够了吗? 大学生回村,做的第一件事是要先了解自己,不能盲目地以为自己是土生土长的农村人,就以为自己对农村很熟悉,在外面求学的这三四年可以改变很多东西,也能让农村发生翻天覆地的变化。大学生要深入农村去进行全方位多角度的考察。了解创业环境的目的就是为了要看看这里是否适合创业,能不能在这里投资创业,在这里创业能不能成功! 比如做餐饮,要看看这一片是什么环境,是居民区、火车站、步行街等,还是交通要道、农村集市?

了解创业环境是重中之重,可以为创业打下牢固的基础。那么我们又该从哪些方面了解?

1.了解自己

一般而言,现在的大学生都是生活在信息高度发达的社会,大学生对于信息的接收能力、处理能力较强。在四年的学习生活中,大学生在知识和技能方面做了很好的储备。为了有自己独到的技能,大学生在四五年的历练中,增加了自己的专业知识储备,参加过学校组织的创新创业大赛;了解了全国各地的情况,如全国有哪些大企业,这些企业有哪些先进技术,有哪些可以利用的设备,有哪些可以咨询的专家等,然后对这些资料也进行过全面的了解和评估,形成了自己的独到见解。这就是对自己的认识,对于初次创业者来说很有必要。

2.全面了解农村

城市相对于农村来说经济比较发达,人们的生活水平相对较高,在未来社会中,城市与农村的本质差别将逐渐消失。我国农村,东部、北部、西部等地区,由于气候、雨水等自然环境的不同,在生产生活上有一定的差异。就拿饮食来说,东部沿海地区的农村百姓靠海,吃海鲜、甜食的居多,而远在西南的地区,如四川、云南、重庆等,由于人们长期在潮湿的环境中生活,为了驱赶湿气他们需要吃很多辣椒,也爱吃酸菜、泡菜等。在中国的北方地区,人们因为天气、气候、水文特征等原因主要种植小麦、大豆等农作物,所以老百姓主要以面食为主,由此也产生了很多著名的小吃,如岐山臊子面、陕西擀面皮、肉夹馍等。因此,想要在农村创业,就像了解天气一样,哪些地区适合创业做什么,受众人群喜爱的是什么等要事先调查清楚。农村的土壤、气候等资源也可以充分利用起来。虽然农村的经济相对于城市来说不够发达,但农村是有潜力的地方,可以利用其地理优势发展养殖业和种植业,这在一定程度上也可以解决村民的就业问题。

3. 要了解有关农村的法律和有关"三农"的政策

创业者要了解相关政策,尤其是扶持政策、优惠政策,还要利用好这些政策。怎么去找到这些政策呢?每个村的村委会里有很多关于农村政策的书籍,可以去借阅,同时可以多关注一些新闻网页,很多关于农村创业的政策都会在上面发布。国家在这方面的扶持政策也较多,例如有种植补助;养殖鸡、鱼、牛等动物的各种补贴;植树造林的补助等。当然除了各种补贴外,还需了解各种法律法规。如村干部要及时学习《村民委员会组织法》《农村土地承包法》《土地管理法》《食品安全法》等法律法规,并将这些法律知识及时向村民进行普及,对那些有在农村创业想法的人来说,这些法律常识必须掌握。

我们只有真正了解了市场的环境,我们的创业便不再盲目。

第二节 创业有风险,天坑要避开

一、在农村创业会遇到哪些风险

"创业有风险",我们常常在电视上或者网络上看到这句话,想必大家对这句话的含义再熟悉不过了。我们身边有一些创业失败的案例。有人会说,农村创业失败是因为金钱,也有人说创业可能会败在人才管理上。但事实是这样的吗?其实,深入分析后发现,我们把影响创业的因素想得太简单了,资金对创业者来说固然重要,但却不是最重要的,创业就像下棋一样,如果一步错那必将是后患无穷的。那么影响创业成功最重要、最根本的因素是什么呢?这也是很多农村创业者必须思考的问题。俗话说,猎人的出击也并非每次都是满载而归的,每一次的出手往往伴随着潜在的风险与不确定因素。创业亦是如此,风险也是相当大的。那么在农村创业有哪些风险呢？总结起来就是：水资源和土地资源不足、地理位置比较偏远、交通不便等自然资源风险、异常条件下的自然灾害风险、农民缺乏必要的农业技术风险、受到竞争对手的挤压而带来的市场风险、企业在营销、人员、财务等方面管理不善的风险等。

如果我们在创业的时候不评估风险，不躲开这些创业风险，那么付出的代价是非常惨痛的。以下就是各种风险分析及由这些风险导致的创业失败案例。创业时期了解这些风险非常必要。

1.自然资源风险

有的人回到家乡创业可能面临家乡资源短缺的状况，如水资源和土地资源不足。还有的地区近年来发生环境污染、自然灾害风险，如地震、水灾等。

小李在深圳打工十多年，期间也赚到了一些钱，当时看到国家政策比较倾向于创业，因此他就辞职回家，开始创业。毕竟自己就是农村人，看到国家的好政策就下定决心回家，选择种植业开始创业。于是，小李在自己家乡承包了30亩地，准备用来种植辣椒。同时小李没有放弃学习，每天工作之余都在认真地学习辣椒种植方法和技术等。小辣椒苗也一天天地长大，小李看着内心十分欣喜。然而天有不测风云，秋天遭遇了恶劣天气，多数辣椒都落了，剩下的也烂了好多。这就是没有充分了解自然风险。

2.技术风险

所谓技术风险就是由于技术不专业,或者农业技术不熟练,造成农业上的损失。无论从事什么行业,专业技术是每个人必备的。对于农民来说,种植业或者养殖业方面的技术需要学习。利用现代科学技术和管理方法提高效率,进而减少技术风险带来的损失。

老易,来自广西,之前是在国企工作,虽然做过商人,但都是以失败告终。后来出生农村的他决定回农村老家自己创业,但老易以前并没有从事过专门的农业生产活动,因此还是没能避免失败的命运。2009年,老易开始了自己的农村创业之路,他和合作伙伴一起挖地渠、修灌道,为种植桂圆做准备工作。但由于第一次种植桂圆树,老易还以为是种植普通的小树苗,结果可想而知:树苗枯死了一大半,剩余的部分长势也不乐观,砸在地里的资金全部像流水一样流走,老易内心十分伤痛。老易为什么失败呢?主要是因为他没有评估技术上带来的风险,主要是对果树特性和土壤管理等技术知识的缺乏导致了他的失败。

同样,在政策感召下,小陈也从外地回乡准备种植杨桃树。他做好了前期的准备后就开始投资,前面的准备工作已经让他花去了绝大多数的积蓄,其中包括土地开垦、土地打理、翻地等花费,后期关于育苗、肥料、除草等人工费花出去的更多。因为小陈的技术不过关,所以园子里的杨桃树结的果子又小又酸又涩。几年时间里,小陈的园子一直处于亏损状态,到后面实在支撑不下去了,他就开始到处借钱,甚至是贷款。小陈说,家庭农场看似较好,其实,运行起来还是有很多困难。尽管政策是第一位,但是想要干好事业,还需要大量的资金和技术,尤其技术是最为重要的。作为农村创业者来说,没有技术就像割麦子没有镰刀,根本无从下手。

3.市场风险

农户还面临产品销售不畅、价格偏低、价格不稳定而带来的市场风险。

2021年,土豆大户赵某因为生意不景气,又听说自己的朋友都开始养殖水蛭赚大钱,他也准备放弃种植土豆去尝试一下。于是他开始创业养水蛭。但是最为致命的是水蛭属于海产品,价格受到季节、气温、市场等影响很大,一不小心就容易赔钱。当年市场行情不好,赵某从一开始投资的100多万元,到后面连投资都无法收回,是他对市场风险评估不足导致的。

4.经营管理风险

创业者缺乏管理经验,企业在营销、人员、财务等方面管理不善,就会形成管理风险。经营管理风险在企业初建以及不断发展壮大的过程中一直存在,管理人员稍有不慎就会导致风险扩大,甚至创业失败。

张某和妻子在老家县城里经营着一家水果合作社,刚开始,同村的很多乡亲想加入这个合作社,跟着张某夫妻一起干,于是张某碍于面子就让他们加入了,结果张某吃了大亏。因为他们夫妻忽视了管理,没有按照正常的管理制度和手册对人员进行培训,没有建立起合适的公司制度和企业文化。在张某夫妻的眼里,大家都是乡亲,以为乡亲会好好团结起来,但实际并不如人意,没有任何团结可言,没有互帮互助的信念。在张某的合作社出现资金困难的时候,大家纷纷离去,最终导致水果合作社走向失败。因此学会经营管理非常重要。

5.农产品滞销风险

种植养殖的最终目的是能销售,这是农民创业的想法,然而经常存在卖不出去的时候。农民们了解的销路和途径非常有限,如果产品卖不出去,那也就意味着风险来临了。

出生在西北的张某,起初在外地的一家玩具厂上班。偶然一次机会,春季回老家帮父母种地的时候,听说老家那边的土鸡卖得很好,于是想着能不能用自己最近存的钱进一些土鸡,然后租块地进行养殖。通过与家人一番商议后,他大胆地买了5000只鸡仔,同时还采购了鸡饲料等,前前后后花了不少钱。结果这些土鸡长大后,张某才发现土鸡市场已经相对饱和,需要土鸡的人其实并没有很多,这非常打击张某的信心,他经常自己跑去超市和农家饭店进行宣传,但取得的效果并不理想。大规模的养殖导致张某的土鸡无处销售,令人心痛!

6.缺乏经验风险

很多创业者在不了解农村环境和市场环境的情况下,盲目进行创业,经验缺乏导致创业失败。

安徽的康某,他在国外读的大学,在海外读书,成绩非常好,毕业后,回国创业。2014年9月,康某与自己的三位发小(也是大学毕业生)合租了一个280多亩的鱼塘,投进去90多万元资金。但事实却与梦想有很大的差距,在农场建起的第一年,诸多麻烦找上门来,在农场发展的每一个环节,都存在很多问题,因为缺乏经验,从开始到结束,康某的农场每年都在亏本。最终也就倒闭了,分析其中的原因,主要还是缺乏经验,导致创业失败。

7.订单风险

农产品订单是买卖双方之间签订的销售合同。买卖双方都有可能会在不利于自己的情况下毁约,形成订单风险。订单风险是存在的,但如果前期工作都顺利开展,则可以降低订单风险。

8.农用生产材料价格的风险

农用生产材料的价格谁都说不定,或许今年高,或许明年低。比如地里用的地膜、化肥等价格,虽然起伏不大,但是对于大面积种植的农户来说这类风险还是要考虑进去的。

分析了以上的创业风险及对应失败案例后,我们得出结论:面对创业风险时,首先需要做到的第一点是提高警惕,千万不能人云亦云,盲目跟风去创业,后果大多数是不好的,要么被骗,要么自己输得很惨。其次就是找准定位,明确目标,自己对自己要做的事情有个详细的规划,思路要厘清、完整,每一个环节可能会出现的问题要把握到位,进而方便自己制订切实可行的计划。最后,最为重要的是不能停止学习的脚步,专业知识和技能对创业者来说非常关键。

把握好公司发展的各个环节,时刻要防范各种风险的出现,对影响因素不断地分析,根据分析结果对规划作出修改,确定规模,以便开启自己的创业之路。

二、种植养殖业中存在的创业风险有哪些

农村的地理优势和环境决定了创业有两大类型:养殖

业与种植业。在农村创业的人也就需要在养殖业和种植业之间进行抉择,但在农村浑然天成的土地上,就目前而言无论是发展养殖业还是种植业都是占据优势的。而且现在随着社会的发展和进步,一种新型的种植和养殖相结合的模式随之出现,因此,种植业和养殖业并不冲突,然而,针对创业而言,无论是选择种植业还是养殖业,都存在一定的风险。因此,说说种植和养殖类创业存在的风险。

1.种植的风险

农村种植风险千千万,过去,老百姓都是靠天吃饭的,水灾、旱灾等都有可能影响到种植的效果。总结起来关于种植的风险大概有以下几点:

(1)种植规模难以把控。种植规模有大有小,但均受到资金、环境、市场等各方面的影响,切不可随机扩大养殖规模,否则会导致亏损。

老徐,年轻的时候自己创业,在深圳开了一家奶茶店,但是由于竞争压力大,最后由于生意不景气倒闭了。老徐放弃了原来的行业,开始将目光转到农村,他看到当时的政策比较倾向于农民,于是他决定回家创业:种植蔬菜。在开始的一两年,虽然比较艰辛,但是老徐的蔬菜价格一直很好,市场也比较稳定,因此老徐也赚了不少的钱。但是老徐对此还是不满意,他想着那就全面开花吧,然后,又承包了

2000亩全部搞基础建设和种植,这次就没有之前那么顺利了。由于种植得太多,销售难度也一下子提升了,很多蔬菜由于销售得太慢而出现腐烂,最后没办法,老徐只能选择送人,或者把烂了的全都丢掉,最终损失惨重。

因此在种植的时候,一定要把握好种植面积,在扩大种植面积的时候一定要深思熟虑,不可抱侥幸心理。

(2)过度依赖补贴。宋某原来在县城里当老师,他觉得自己的性格不适合当老师,因此他辞职回家进行创业。因为他当时看到的政策是政府每年会给承包者每亩地补助200块钱,所以他自己承包了70多亩土地就开始种植四季豆,但一年四季的收益其实并不多,勉强能支撑下去,宋某觉得没什么,因为至少还有政府的补贴,结果政府的补贴与他的理想值相去甚远。

宋某在之前并没有理解政府文件。文件上明文规定是承包300亩地以上的创业者才能享受补助。这个打击对宋某来说是致命的。宋某自己也意识到不能再依赖政府的补贴,要是某个条件不符合的话,需要承担的风险太大了。

2.养殖的风险

养殖业存在的风险不比种植业少,但是风险相对来说较好控制。养殖业中主要存在的风险主要有以下几点:

(1)市场所带来的风险。想必大部分养殖户心里都清楚,市场价格说变就变,它的起伏波动是非常大的,今年这个价格高,你跟风养殖,明年市场价格或许会下降,如果遇到了价格低迷的时期,那么投资了这么多,有可能亏得血本无归,所以有独特的眼光也是很关键的。汪某夫妇是一对70后夫妻,勤勤恳恳当了一辈子农民,2015年他们的孩子考到外地上大学,于是汪某夫妇决定不在家种地了,夫妻二人看到街坊邻居都在养牛,于是他们也借钱买了50多头牛进行养殖,但却没有赚到什么钱,因为养牛户一下子多了起来,市场比较饱和,牛肉价格也一直起起伏伏,汪某夫妇的养殖业也遭受市场价格波动的影响。

(2)投资风险。我们都知道,养殖业需要饲料,这部分的投资在总的投资中所占比例非常大,再加上一些其他的费用,合起来就不能忽视了。有人分析过,饲养中的损耗能占养殖收益的一大半。

(3)疾病风险。不管你养殖什么,都有可能有疾病感染的风险。看病用药的钱都是小事,关键是能治愈好就值得庆幸,如果处理得不当,就有可能全部死亡。相对于其他风险,疫病是最难防的,这是养殖业最大的风险。因此,无论是大型养殖场还是小型养殖场户都应建立切实可行的消毒制度、卫生制度,定期对圈舍地面土壤、粪便、污水及毛等进行消毒。如果创业者想养牛或羊,一定重视圈舍消毒,确保动物安全,降低疾病风险带来的损失。

　　小刘是个90后,在成都读了四年大学,并在一家企业工作了两年后,毅然决然地辞职回家,帮助家里人一起养殖黑猪。他们家的黑猪养殖业比较有特色,除了正确饲料喂养之外,由于家住山里,黑猪每天下午都会被赶到山上"散心"。通过三个月的养殖对比发现,这些每天被赶到山上"散心"的猪要比圈养的猪,肉质更加紧实和口感更香。因此小刘开始大规模地放养,把自家所有的黑猪都赶到山上放养,前期小刘的确赚到了钱,因为他们家的猪肉就是很香,卖了好的价钱。然而,好景不长,黑猪在炎热的夏天忽然开始大规模地死亡,一下让小刘损失数十万元,最后没有办法,将黑猪送去化验才发现原来是由于养黑猪的圈舍不干净,大规模的猪流感在黑猪之间感染传播,导致黑猪死亡。这个经验告诉我们养殖需要讲究方式和技巧,但更重要的是一定要预防动物疾病,做到每日消毒,卫生达标,确保动物的安全,才能将自己的生意做得更长久。

第三节 注册公司有方法,一个程序都不能少

众所周知,创业是条坎坷路。创业最难的就是前期。因为在前期,大部分创业的朋友因在短期内看不到成果,或者面临资金短缺等问题而坚持不下去。这就说明在创业初期进行长久的计划和打算是至关重要的,好的创意想法、好的项目、好的人选、好的团队、好的企业文化等都必须长久谋划。那么,前期有了合适的项目后,应该先准备做什么?注册公司。

一、创业公司注册的基本步骤及所需材料

1.核名

公司核名,顾名思义,注册一家公司,首先要给公司起个名字,然后经过市场监督管理局核名,通过了就能合法使

用。这就好比，家里给刚出生的孩子起个名字，上完户口，以后这个名字就是你的官方名字了。那么问题来了，公司名称在哪核名，核名时的流程是什么，核名需要提交哪些材料，核名多久就能知道结果？

（1）公司名称在哪里核名？

一般公司名称需要在市场监督管理局电脑系统核名。如果是带"国"字头、"中"字头，或名字带有"中国""国际"等字样，又或者公司名称无行业或无区域等特殊的公司名称就需要在国家市场监督管理总局核名。

（2）公司核名需要提交哪些资料？

①有限责任公司的全体股东或者股份有限公司的全体发起人签署的公司名称预先核准申请书；②全体股东或者发起人指定代表或者共同委托代理人的证明；③国家市场监督管理总局规定要求提交的其他文件。

（3）公司核名时间

公司核名时间一般需要1~3个工作日。如果显示核名通过，那就表明你可以用这个公司名称了。如果审核没有通过的话，那需要按照前面的流程进行重新申请和审核。

（4）公司核名的流程

第一步，公司名称预核。意思就是，起好了公司名称，要预查公司名称是否能用。

第二步,公司名称核准。创业者填写相关的核名资料表《企业名称预先核准申请书》,同时还要提前准备好公司股东、法人身份证明,提交至当地的市场监督管理局。如果您的公司名称不带行业或行政区域,或带"国"字头、"中"字头等字样,则需要在国家市场监督管理总局核名。

第三步,市场监督管理局审核公司名称。到这一步就意味着你的公司名称审核到了比较关键的时刻,这个时候有专门的市场监督管理部门的负责人会对提交的公司名称进行审核,结果是通过或者不通过。当然,驳回后会告诉创业者审核不通过的原因,以方便创业者修改公司名称。

第四步,公司名称通过审核后,创业者就可以领取《企业名称预先核准通知书》,然后办理工商登记,领取营业执照。这就意味着公司可以正式营业了。

(5)需要在国家市场监督管理总局核名的业务范围

①无行政区域的企业名称。注册资本金需5000万元人民币以上,例如:蓝天科技有限公司。

②无行政区划的,无行业表述的企业名称。必须注册资本金一亿元人民币以上,例如:蓝天有限公司。

③无行政区划的集团公司名称,例如:蓝天科技集团有限公司。

(6)须在国家市场监督管理总局核名的办理流程

①申报。需要申请者专门到国家市场监督管理总局申报。

②申请人取得《企业名称预先核准通知书》后，向住所所在地登记机关申请办理登记手续。

③企业登记机关办理登记核准后30日内，将加盖企业印章的企业营业执照(企业集团登记证)复印件报送国家市场监督管理总局备案。

以上就是关于公司核名的详细步骤，在这个过程中可能会遇到一些问题。有几点提高公司核名通过率的技巧需要大家掌握，以便在实际操作的过程中取得更大便利。

第一，公司名称一定不要涉及比较著名的企业或者商标，否则很容易被驳回。

第二，公司名称不要有容易产生歧义的字眼，否则容易被驳回。

第三，公司名称多准备几个。核名通不过又没有备用名，只有再跑一趟核名。

第四，公司名称，最好和公司后期规划发展相关，这样的名称比较稳定，也是公司品牌的代言词，对于企业发展有好处。

2.租房

选择合适的地理位置去租房。一般选择的标准除了地理位置外,还要考虑到交通是否便利。如果是厂房的话那工厂的废水污染问题是需要考虑的一大重点,等选好地段后就要签订租房合同。签合同的时候一定要认真阅读合同内容,防止存在的漏洞对后面公司的发展造成不利影响。这里还涉及另外一个问题,就是如果需要搬地方,那就需要对你公司的地址进行变更,这个时候就需要你带着房东的身份证复印件、你自己的身份证复印件和原件、双方签字盖章的租赁合同等材料,然后去市场监督管理局领取有新地址的营业执照。当然若是自己的房产,更换地址的时候只需要提供房产证复印件和自己的身份证复印件。

3.编写"公司章程"

"公司章程"不是自己胡编乱写的,而是要有依据。公司章程是公司的"宪章",对公司的成立及运营具有十分重要的意义。它既是公司成立的基础,也是公司赖以生存的灵魂,但现实生活中很多人都没有重视它。那么《中华人民共和国公司法》中关于公司章程(有限责任公司)的具体规定有哪些?

(1)公司章程(有限责任公司)应当载明的内容

《中华人民共和国公司法》第二十五条规定:有限责任公司章程应当载明下列事项:①公司名称和住所;②公司经营范围;③公司注册资本;④股东的姓名或者名称;⑤股东

的出资方式、出资额和出资时间；⑥公司的机构及其产生办法、职权、议事规则；⑦公司法定代表人；⑧股东会会议认为需要规定的其他事项。

（2）公司章程（有限责任公司）制订过程中的几点注意事项

①章程可以约定"分红比例与出资比例不一致"。

②章程可以约定"不按出资比例优先认缴出资"。

③章程可以约定"股东会行使的法定职权之外的其他职权"。

④章程可以约定"召开股东会定期会议的期限"。

⑤章程可以约定"召开股东会会议的通知期限"。

⑥章程可以约定"表决权可与出资比例不一致"。

⑦章程可以约定"股东会的议事方式和表决程序"。

股东会会议作出修改公司章程、增加或者减少注册资本的决议，以及公司合并、分立、解散或者变更公司形式的决议，必须经代表三分之二以上有表决权的股东通过。

⑧章程可以约定"董事长和副董事长的产生办法"。

⑨章程可以约定"董事会的议事方式和表决程序"。

董事会应当对所议事项的决定做成会议记录，出席会议的董事应当在会议记录上签名。董事会决议的表决，实行一人一票。

⑩章程可以约定"执行董事的职权"。执行董事的职权由公司章程规定。

⑪章程可以约定"剥夺股权转让时其他股东的同意权"。

⑫章程可以约定"限制股权转让时其他股东的优先购买权"。

⑬章程可以约定"排除股东资格的继承"。

4.刻私章

(1)在注册完公司后需要刻制一些相关的印章,常见的有公章、财务章、法人章、发票章、合同章,那么这五个印章适用于什么范围

①公司公章:公司效力最大的一枚章,是法人权力的象征。除法律有特殊规定外(如发票的盖章),均可用公章代表法人意志,对外签订合同及其他法律文件。

适用范围:凡是以公司名义发出的信函、公文、合同、介绍信、证明或其他公司材料均可使用公章。

保管者:一般来说,公章的掌管者应该是公司创业者或其最信任的人,例如:董事长或总经理。

②财务章:财务章通常与银行打交道的时候会用到,比如银行的各种凭据、汇款单、支票的用印。另外,也会用于财务往来的结算等。

保管者：一般由企业的财务人员管理，可以是财务主管或出纳等。

③合同章：单位对外签订合同时使用，可以在签约的范围内代表单位，在合同上加盖合同专用章，单位需承受由此导致的权利义务。

一般来说，创业初期可以直接用公章盖合同。

保管者：可以是公司法务人员、合作律师或行政部门等。

④发票章：企业、单位和个体工商户在购买和开发票时，需要加盖发票章。印章印模里含有其公司单位名称、发票专用章字样、税务登记号。根据《中华人民共和国发票管理办法实施细则》的规定，通常需要在发票联和抵扣联加盖发票专用章。盖在发票上，或盖在发票领用簿才有效。

保管者：一般由财务部门的发票管理员保管。

⑤法定代表人名章：法人章主要用于公司有关决议，以及银行有关事务办理的时候用。印章印模里含有其公司单位名称、发票专用章字样、税务登记号。

通常用在注册公司、企业基本户开户、支票背书的用印。

保管者：一般是法人自己，也有让公司财务部门出纳人员管理的情况。

（2）公司的印章应该如何保管与使用

公司各种印章的权限不一，所有文件加盖印章都必须得到重视。公司印章的保管，应实行印章专人保管、负责人印章与财务专用章分管的制度，并严格执行保管人交接制度。一般来说，公司印章的保管具体可以采用以下措施。

①印章管理者：明确印章管理者的岗位法律风险防控意识及责任。

②印章使用：建立并使用统一的印章使用审批制度和使用登记表。

需要注意的是，使用印章时，要确保由印章保管人员亲自用印，不能让他人代为用印，同时不能让印章离开印章保管人员的视线。一般情况下，未经企业主要领导亲自批准，不允许使用者将印章携带外出，即使需要外出携带，最好指定可信任的人随往，确保印章安全。

③严格控制或禁止在空白文件上盖印章。

印章使用过程中，印章管理者一定要确保使用者不能在空白文件，如空白纸张、空白单据、空白介绍信等上面加盖公司印章，如遇特殊情况，必须要经过公司核心管理者的同意，如果加盖印章的空白文件无用后，持有者也要将空白文件退回印章管理部门（如行政部、办公室），请其妥善处理，从而确保用章安全。

④对变更或撤销的部门或公司及时处理相关印章。

⑤印章不小心遗失了,该怎么办?

印章遗失必须在第一时间向公安机关报案,并取得报案证明,同时在当地或项目所在地报纸上刊登遗失声明。之后,再进行补刻时,要拿公安机关的报案回执、登报申明、补刻印章申请书等材料到当地公安机关进行备案,然后到指定印章公司进行刻章。注意,公章丢失,即使自己保留了所有的公章信息,例如样式和编码,也不能私自进行刻章,否则将面临行政处罚。

(3)公司印章的法律效力如何?

对印章法律效力的评判,是价值判断而非事实认定,所以主要体现在发生争议时。简单举几个经常会碰到的情形:

①错用印章。内部印章对外使用,如人力章、行政章对外签订合同。印章类型错误使用,如对账单上加盖税务章,劳动合同加盖财务章。一般情形下仅有印章不发生效力,但如盖章的同时有经办人签字,则是否对公司生效取决于该经办人是否为代理人或合同指定的特定经办人。

②伪造印章。如果经鉴定与市场监督管理局、公安局备案的印鉴不一致,一般可认定不代表公司意思,也就是公司无须对此负责。但是,如果公司的法定代表人同时有签字(不是签章),一般会推定对公司有约束力;如果与相同的

交易对象有类似交易并已履行完毕（例如之前的合同、对账单等），也会推定对公司有约束力。

③分公司印章的效力。根据《中华人民共和国公司法》，分公司不具备法人资格，产生的责任由公司承担，其地位类似于公司的内设机构。但分公司与普通内设机构因《中华人民共和国公司法》的特殊规定而产生不同的后果，如分公司可以作为民事纠纷中的被告，而内设部门就不行。公司的事务加盖分公司的印章，一般会对公司有约束力。

5.到会计师事务所领取"银行询证函"

联系一家会计师事务所，领取一张"银行询证函"（必须是原件，会计师事务所盖章）。所有股东带上自己入股的那一部分钱到银行，带上公司章程、工商局发的核名通知、法定代表人的私章、身份证、用于验资的钱、空白询证函表格，到银行去开立公司账户，你要告诉银行是开验资户。开立好公司账户后，各个股东按自己出资额向公司账户中存入相应的钱。银行会发给每个股东缴款单，并在询证函上盖银行的公章。

6.注册公司

到工商局领取公司设立登记的各种表格，包括设立登记申请表、股东（发起人）名单、董事经理监理情况、法定代表人登记表、指定代表或委托代理人登记表。填好后，将核名通知、公司章程、房租合同、房产证复印件、一起交给市场监督管理局。大概15个工作日后可领取执照。

7.领取营业执照

（略）。

8.办理企业组织机构代码证

凭营业执照到市场监督管理局办理组织机构代码证，需要3个工作日。

9.办理税务登记

领取执照后，30日内到当地税务局申请领取税务登记证。办理税务登记证时，一般必须有一个会计，因为税务局要求提交的资料其中有一项是会计资格证和身份证。当然，也可以聘请一个代理记账公司代理会计账务。

10.去银行开户

凭营业执照、组织机构代码证、国税正本原件，去银行开立基本账号。

11.申请领购发票

不管你的公司是销售商品的，还是服务性质的公司，都应该到国税局去申请发票。开始营业后，注意每个月按时向税务局申报纳税，即使没有开展业务不需要缴税，也要进行零申报，否则会被罚款。

以上就是注册公司的全部流程及注意问题。

第四节　为公司寻将才，为人才找舞台

　　无论以前还是当今，在这个知识爆炸的时代，人才在任何时候都被需要。创业者注册好公司之后，就要开始寻找人才了，创业过程对于管理者来说，人才的招聘和引进是个大的工程，也是最为重要的一步。首先需要制订公司招聘人才的制度，需要的人才是什么学历，具备什么样的技能，取得了哪些证书等，这些都是最基本的要求。确定这些之后人事就要着手准备招聘工作了，人事部（HR）怎么跟应聘者进行沟通都是事先要进行培训的，等到招聘工作进展得差不多了，创业者就要开始考虑团队文化的建设等后续问题。因此选择合适的人才非常重要。

一、人才招聘的方式和步骤

1.利用网站发布招聘广告

①智联招聘。使用智联招聘需要注意以下几点：第一，智联招聘主要以刷新来提高职位排名，所以职位发布之后要多刷新；第二，刷新要避开高峰时间，可以选择在中午1点左右（这个时间大多同行在午休，可增加曝光率）。或者下午6点左右，因为晚上看招聘网站的求职者相对较多；第三，尝试使用网站的特色功能，比如约聊功能（现在90后年轻求职者比较喜欢社交网站式的沟通方式）。

②前程无忧网。需要注意：第一，前程无忧以职位发布为主，刷新的作用比较弱，每个职位3天发布一次。第二，使用竞价或置顶功能。

③BOSS直聘。需要注意：第一，BOSS通过账户活跃度来提高曝光率，用手机登录可提高活跃度，所以最好每天用手机登录一次。第二，充分使用推荐牛人和新牛人功能，非VIP用户，每天可沟通100人。第三，如果是非常缺人的职位，可以考虑提前招聘提前录用，当然这是在应聘者各项条件都达标的情况下做的。第四，BOSS的用户以年轻求职者为主，晚上活跃的求职者较多，可选择在晚上沟通求职者。

作为招聘人员,需要充分规划好自己的时间。一般来说人事部是上午9点到10点30分,下午2点到3点30分集中面试。早上11点至中午1点,下午4点至5点30分可集中进行职位发布或刷新、简历筛选,电话面试及邀约。下班前30分钟用作对当天招聘工作做复盘,并安排好第二天面试人员的衔接及资料准备。

2.约定合适的时间进行面试

当公司与求职者进行一番沟通后,如果双方都对彼此比较满意的话,公司的HR就可以与求职者约定合适的时间面试。相对来说,无论是公司的HR还是求职者,面试时间定到上午10点和下午3点左右比较方便,因为这个时间段大多数求职者可以错过高峰准时到达公司。双方可以有更多的沟通、交流和了解彼此的时间。

3.看简历要注重什么

公司需要招聘哪类人才,公司的HR在筛选简历的时候会额外注意求职者是否合适。一般来说,公司会利用较短的时间在求职者的硬性条件中筛选,这个硬性条件包括学历、工作经验、年龄、简历排版等,这几个硬性条件的重要性不言而喻,学历决定了起始平台,这块敲门砖影响着求职者就业职位、工资等级、职称评定等方面。

工作经验与年龄在一定程度上代表着员工是否熟悉业

务,也会成为公司筛选简历时注意的点。最后关于简历排版,如果做得漂亮会加分,如果排版不合适,可能会给人留下不好的影响。但无论是学历、工作经验、工作年龄还是自我评价,HR最看重的还是求职者是否诚实、真诚。诚实首先是为人的基本道德准则,如果求职者的简历都做不到如实地撰写自己的经历,那么势必意味着求职者本人没有诚信,这种情况下就算专业技能过硬,能力格外突出,公司也不会考虑的。一旦发现求职者简历上的虚假信息,就会深挖下去,直至真相大白。因此简历在真实的基础上可以进行适度的美化,但一定要杜绝简历作假行为!公司最后综合考虑要不要留下该求职者。

4. 参考上司的意见

在招聘一些比较高级别的职位时,自己公司的老板或上司一定要知道这个消息,因为人事决定不了的时候,上司会给予参考意见,因此不要盲目决定。

5. 专门设置考核查看新员工试用期的表现

一般来说,通过前期的考查,在试用期,公司可以出一些考核指标来测试求职者的能力。员工在试用期的表现是好是坏,可以作为员工去留的重要判断依据之一。

6. 仔细地挑选

公司会认真仔细地挑选哪些合适,哪些不合适。这个时候选取的标准一方面是按照公司的制度和规则,另一方面要考虑领导的意见和建议,然后从年龄、形象、性格等各方面进行综合考虑。

二、打造好的团队很重要

小成功靠个人,大成功靠团队。俗话说:"三个臭皮匠,顶个诸葛亮。"这说明就算是再普通的人,只要能团结起来,就可以发挥很大的作用,个人能力再强也没办法超越团结协作的力量。团队在任何时候都是非常重要的,如果一个公司的员工不能团结起来,一盘散沙一样注定是不会取得成功的。

任何一个企业,要想发展壮大,靠的是各方面力量,比如优秀的组织领导、成员之间的团结协作、强烈的工作愿望等。那么,刚创业的公司应该怎样打造良好的企业文化,如何进行团队建设呢?

1.优秀的组织领导

优秀的领导力是每个行业不可或缺的一部分。称职领导者是整个团队的宝贵资产。无论是大的公司集体,还是小的专业部门,甚至是一个小组内部,都需要一个强有力的领导组织,没有优秀的领导,工作效率势必不高。那么,具备什么品格的领导才算是好的领导及领导组织呢？一般来说，具备以下三点的领导比较有领导力：①品德高。②能力强。③多领导，少管理。

2.清晰的团队目标

众人拾柴火焰高，这个道理大家都懂，在一个公司里每个人都要以公司目标为准，大家紧盯着团队的目标，然后朝着这个目标不断努力，看每个人完成的情况如何。为什么要制订团队目标呢？因为清晰的目标会给人以动力，不断地激励自己去完成相应的工作，因此制订清晰明了的团队计划和目标至关重要。

3.共同的事业愿景

团结就是力量，这力量比钢铁还要坚硬！这句话说得没错，要想团队走得更长远，发展更上一层楼，大家要有共同的事业愿景，每位成员的内心中的目标和期许都是一样的：就是公司发展越来越好，大家才能越来越好。我们伟大的中国共产党从成立之初到今天带领中国人民走向富强的历程是十分艰难的，但为什么能做到呢？是因为所有的共产党人有着拯救中国人民的伟大事业愿景，这种坚定的信念促使大家一往无前而无所畏惧。

4.互补的成员类型

团队内的成员之间讲究互补，能力、性格等各方面的互补对于公司的长久发展至关重要。我们的圣人孔子曾提出"因材施教"的思想。人才的培养也是一样的，世界上没有两片相同的叶子，每个人都有自己的强项，都有自己不如别人的地方。那么创业者一定要注意团队成员之间的互补性，可以安排互补性的成员一起工作，效果会更好。互补成员的类型包括如下两点：①团队成员的个性互补。②能力互补。

5.合理的激励考核

奖励制度是为了更好地激发公司员工的工作积极性。每个公司都有自己制订的合理的激励考核制度，只要成员能达到考核的结果，就能获得相应的成绩。因此在公司建立一套公平、公正、公开的薪酬体系，大家才能在同一套制度下，施展才华，建功立业。

6.系统地学习提升

任何人在任何时候都不能停下学习的脚步，现在是学习型社会，人们的观念时刻发生着变化。以前人们以为学习就是学生的事情，工作了就可以停止学习的脚步。然而随着科技的发展、信息的不断输入，现在社会发展速度之快超过了人们的想象，因此要想在社会上有立身之处就必须不断地努力学习，学习专业知识，学习互联网知识技能等，才能跟上时代的步伐。

三、案例分析

1.管理不善造成损失

周某是昆明有钱人中的有钱人,10多年来都在搞高速公路工程建设的承包业务,赚了许多的钱。开着豪车,住着别墅,事业高度发展,如日中天。在一次宴会上,周老板向朋友透露出想转行做餐饮的意思,认为只要加盟一家著名餐饮品牌就能轻松地将消费者兜里的钱赚到自己口袋里。周某的朋友于是强力推荐总部设于重庆的中国著名火锅A品牌,通过与重庆总部的几轮沟通谈判,周某交纳了15万元的加盟费,获得了3年在昆明的独家经营权。3个月的选址、装修、招聘培训、试锅等环节,已花去了380万的费用,终于迎来了火锅店的开业。由于周老板自己并不懂餐饮经营管理,更不懂团队建设,在开业不到5个月的时间里,他就换了1个总经理、2个大堂经理、1个炒大料的师傅。原因是总经理拿着高薪不做事,缺少些职业精神,总是在电脑上斗地主;大堂经理业务上缺少服务经验,前厅管理一团糟,同厨房老是矛盾不断,点菜组和传菜组居然还打架;炒大料的师傅也不行,他炒的锅底老是变化无常,客人总是感觉不是味淡了就是味重了,不是不麻就是不辣,重庆火锅讲的是麻辣。最后,周某实在受不了,就把这三位都给辞了。

周某的火锅店问题其实就在于团队管理混乱、团队素质低下、团队协同能力差、没有团队信念造成的。

2.“玩”出成功

说起这家企业的名字,恐怕没有几个人知道,但是只要说起翠湖边上的“茴香酒馆”,但凡去过昆明酒馆的人没有几个人不知道。这间闻名全国的酒馆的老板是一个年仅20多岁的很帅气的小伙子,人们称他小李,他在茴香酒馆这个平台上只用了几年的时间,就将他的茴香酒馆从酒吧娱乐延展到餐饮美食,整个企业集团经营得像他一样朝气蓬勃。探究他的成功之道,我们惊叹于仅能找到一个字来形容——“玩”。在他的企业找不到像其他企业那些繁缛的管理制度和企业文化,有的是那种锐也内敛、藏也锋芒的让人大吃一惊的玩性文化,在这“玩”字的骨子里,是一种不可复制的团队的心智文化。在他的心智文化里,你找不到那些大而空的战略规划和华丽辞藻,也没有卖弄年轻资本的点点痕迹,更没有老总威严天下的假面孔,只有年轻岁月在他身上驻足的玩性和智慧印迹。

进入他的团队,他会告诉你两件事:一件是在他的企业没有老板和打工之分,只有团队成员的新老之分;第二件是你怎样玩得尽兴才能工作得彻底。当然他的玩性文化是随性的、健康的、积极的、时尚的。看看他的个性着装,身上永远穿着质地上乘的个性休闲服,手边永远带着国内外最新时尚读本,在他看来,生活是一种玩,学习是一种玩,着装是一种玩,创业是一种玩,经营企业同样是一种玩。也许简单的反而是深奥的,玩,不需要繁文缛节,玩,不需要条条框框的设计,当玩能成为一种生产力的时候,这样的境界不是谁都能达到的。小李用玩的心态经营着企业,在玩性中带着他的团队成长。

以上成功和失败的案例是两种不同团队精神和文化的形态,它说明了团队建设和管理方向的多样性,但是在他们不同的塑造方向上,我们能看到这两条射线的交汇点,那就是团队建设和团队力量对企业成长发展的重要性,团队是企业生存的必然形态,也是企业和谐创新发展的生命。

作为创业者,往往是鼓励自己的员工发现问题,提出问题,最后解决问题。员工的建议往往是最真实的。

在部门制度的建立中,除了基于公司的基本准则,其他的管理制度都是号召员工一起提出来,每个月可以做一次问题汇总,替代掉工作中不合理的部分,每个人可以提出一个新的管理方式,一旦采用就立刻落实,如果在执行过程中有不合理的地方,月底的总结会就可替代掉。公司还可以设立成长基金,专门奖励那些提出优秀建议的员工。不同的创业公司根据自身的实际情况应该构建一个良好的反馈机制，并能引导问题的范畴规避掉一些公司战略性的问题。鼓励员工从实际出发，从工作出发，从自身出发，积极提出与自己工作息息相关的问题并给予对应的建议，这将有助于公司整体的自我迭代。

刚起步的创业公司规模可能比较小，但是创业团队虽小，也应"五脏俱全"。团队成员不能是清一色的技术流，也不能全都去做终端销售。团队成员各司其职，大家具有相同的价值观，都能抱着一步一个脚印的心态，脚踏实地地完成自己负责的工作。作为创业团队的领头人，创业者自己也要和团队里的成员一起承担责任、分享成果。要想打造强有力的团队合作关系，创业者要和自己的员工建立良好的互相信任、相互理解的关系。

如何与自己的员工建立良好的信任关系呢？

首先是积极沟通，任何信任关系都是建立在良好的交流和沟通的基础上的，如果与自己的员工之间建立合理充分的沟通渠道，员工就会更加能接受和理解公司出台的政策，更能和其他员工拧成一条绳，大家对什么问题都可以积极去反馈并解决，而不是消极懈怠。举个简单的例子，薪酬制度的公开可以使得创业公司的管理层和员工之间相互交流意图，员工对于薪酬的设想和期望能被政策制定者了解，这种民主开放的制度将更容易获得员工的支持和信任。

其次,合适的奖励机制。员工的薪酬由很多部分组成,除了核心薪酬以外,边缘性的薪酬也就是工作福利如晋升机会、带薪假期、定期免费体检等,这些福利包含了浓浓的人情味,如果有条件,公司还可以为员工安排单身派对、为员工庆生等,这些令人暖心的做法,充满人情味,会令员工对企业的认同感和归属感大大增加。

最后,提供学习与交流的机会。大多数员工都明白,要在这个社会中生存下去,就必须不断地学习,能够提供学习与交流机会的公司就会有非常强的吸引力。如果可以持续提供学习的机会,员工的忠诚度就会提升。

第五节 公司运营有策略，有效方案来帮你

公司要有合理适当、满足消费者需求的营销策略，要根据消费者的需求和消费能力，及时有效地对商品的销售进行规划，按照不同方法、类型进行销售。

一、了解顾客的需求是第一位

1.赚谁的钱——定位受众群体

每种商品的定位不同，那么受众群体势必不同。如果你销售的是婴儿纸尿裤、拉拉裤，那么你的受众群体就是婴儿或者宝妈。你对产品的设计就要更加温馨、更加有爱；如果你销售的是男士洗发液，那么通过男性通常对于洗发液的需求和注意点，清凉去屑还是控油护发，作为商家，都需要了解。因此你的受众群体是谁，那么谁就是你的顾客，然

而,在市场上,很多企业都会碰到这样一个问题,他们不知道自己的目标消费者到底是哪些人群,也不清楚自己的销售人员应该向哪些人群推销自己的产品。其实,这里面最重要的一点就是要知己知彼,事先的市场调查和研究必不可少,通过对比了解找准自己的商品受众。

2.拿什么赚钱——找准商品卖点

确定好自己的顾客群体后,想清楚自己产品的卖点是什么,至关重要。寻找商品卖点的时候,商家一定要站在消费者的角度思考问题。假如你是消费者,那么你就要问自己:你为什么要买这件商品,这件商品能帮你解决什么问题,能达到你的预期吗?如果这三个问题思考清楚了,那么商品的卖点也随之产生了。比如你是一家售药企业,如果有人来买肚子疼的药,但是你却给了人家保健品,那这个是万万不可的,就算你的保健品能解决肚子疼的问题,也没有直接治疗肚子疼的药那么管用。顾客当下的消费目的是解决当下存在的问题,未来的问题可能不那么急需去解决。

3.谁帮你赚钱——找到赚钱的方式

谁帮你赚钱?从较大的范围来说,那就是顾客,顾客说了算。因此想要扩大顾客群体,那就要在一开始做好产品的口碑打造,要按照"一带多"的方式,扩大自己的销售渠道。同时要知道你的同行,他们的销售模式是什么,他们怎么宣传自己的产品,要看谁做得更好,向他们学习。通过分析、比较不同竞争者的优势,我们可以从中吸取相关的销售经验,取其精华。

4.怎么与客户有效沟通

有效的沟通是人与人交流的前提,跟客户的有效沟通直接决定了产品是否容易销售。语言是沟通的重要手段和桥梁,跟不同的客户沟通,使用的语言不尽相同。如果顾客是老爷爷老奶奶,那我们必须要用老人听得懂的语言和更加温和的语气去交流,这样更能拉近与顾客的距离,产品也更容易畅销。目前有相关研究表明:市场上越畅销的商品,其对产品的宣传和广告语的设计越简洁明了。

5.品牌建设

品牌建设是个长久的话题,很多著名的牌子现在的品牌建设已经固定化了,也就是说如果你要做这类产品,那么必须要从传统观念中寻找新的产品卖点。虽然这很难,但在互联网时代,什么都有可能发生。因此,无论是从现代还是传统的角度出发,做好品牌建设至关重要。例如某企业致力于打造"更合适中国宝宝体质的奶粉"。更适合中国宝宝体质就是产品新的卖点。

二、具体的营销方法与策略

1.情感营销策略及案例

如今的社会,大量的商品满足着人们的生活,随着老百姓物质生活水平的提高,要善于利用情感营销的策略,主要目的是激发消费者的同理心,让他们对于产品传达出来的理念感同身受,产生强烈的共鸣,让他们寓情感于营销之中,让有情的营销赢得无情的竞争。

999感冒灵推出一部暖心短片《有人偷偷爱着你》,来自"中国期刊网"的广告词特别能打动人:当我们来到这个世界上,觉得生活不如意的时候总会有那些温暖的小事在提醒着我们,困难只是暂时的,生活没有那么糟糕,你并不是一个人,这个世界上还是有一个人偷偷地"爱着我们"。广告词充满对陌生人的关心和鼓励,其中有亲情、爱情、友情,当然也少不了温情的元素。

2.体验营销策略

"体验"泛指人体对外界的初步感受,它牵动着人体的各个器官,调动着人的感情与情绪,好的体验令人舒适,不好的体验令人厌恶,这是人正常的反应机制。从哲学的角度来讲,它还包含知识、人的思维、个性等多方面的因素。

顾家家居在十大国产家具品牌排行榜中排名第一,为什么能取得如此成就呢？他们的成功之处就在于营销方式——体验式营销,甚至可以说,他们把体验式营销刻进了骨子里。

他们如何做到的呢？顾家家居的沉浸体验式营销,你会发现它真的接地气。它将内部布局和服务方式设计得更加自然、和谐,旨在让每个人感觉到进入顾家家居就跟回到家一样,亲切温暖。为了让顾客更有体验感、更加有家的感觉,顾家家居在内部的布置就像一个小型商场,里面的设备齐全,饿了你可以去点个餐吃,因为里面有快餐店;如果想休息就可以去咖啡店坐坐;另外还有儿童活动的相关区域。如果你带着孩子去看家具,哄小孩的最好方式就是让他自娱自乐,在很大程度上不让大人的精神那么紧张。总之顾客一直在不断体验,良好的体验感很能激发顾客的购买欲。这就是顾家家居的成功之处。

3.植入营销策略

商品化时代,广告的身影无处不在、无时不在,看个电视剧有广告,看部电影也有广告,刷个微博有各种广告的链接,各大网络平台上植入的广告更是多种多样,广告设计得越来越多样化了。这种潜移默化的植入式营销对大众的影响比较深刻。广告的植入一直以来都被人们广为讨论。广告植入其实是一把双刃剑,其从诞生开始就面临着无法回避的"矛"与"盾"之争。一方面是广告特有的审美需求,另一方面是投资方宣传商品的欲望。很多时候,广告看似在表达着审美的艺术魅力,但同时也充斥着资本之间的较量;我们看电视的时候看到插入的广告,看似是对影视文化的理性表达,然而又避免不了广告本身的商品化和工具化性质。因此广告植入的利弊一直都是存在的。我们在做产品的时候,如果需要植入适当的广告,那么必须把握好利与弊之间的度。既然没办法完全规避弊端,那么就要做到广告植入的利益最大化,这个利益不仅是从商业资本的角度出发,更是从消费者的角度出发,不能让广告的内容引起大众的反感,要吸引眼球,让大众产生共鸣,让消费者觉得广告说得很有道理,那就是很不错的植入了。要达到这种程度,要从广告设计的各个方面如文案、拍摄角度、模特的选取、取景等方面出发,最后潜移默化地植入人们的内心。

4.口碑营销策略

任何商品都有口碑,无论是好的还是坏的。例如大家都吃过海底捞,海底捞的服务一向是做得非常好,同时其打造的口碑就非常好。在海底捞有给朋友过生日的,有服务员给小孩子辅导作业的等等,各种服务非常到位。那么良好的口碑怎么打造呢? 主要的口碑营销策略以及主要品牌应用口碑营销策略的实际操作方法有以下几点：①利用社交媒体，创造热点。②品牌体验，品牌大使。③创建高质量的产品和独家推荐计划。

5.事件营销策略

奇闻轶事总能引起人们的好奇心，公司或企业需要制造一些与自己产品有关的事件引起社会各界的关注，再加上媒体的报道，事件可能被大街小巷的人熟知，这样做的目的就是提高企业或产品的知名度、美誉度。如蒙牛广告牌被砸事件。

蒙牛在1999年成立时，面对伊利这个强大的竞争对手，它在资金和市场上都非常艰难。为了打响品牌，蒙牛煞费苦心地在一条街上投放了48块广告牌，但仅仅是一条街的广告牌明显难以起到很好的营销效果。就在此时，发生的一个意外事件，竟让这条街的广告牌和蒙牛成了人们热议的话题。原来，蒙牛投放的广告牌突然在一夜之间全被砸了，这一"惊天奇案"马上就引发了大众的好奇和关注，一时间"受害者"品牌蒙牛也因此成为舆论关注的焦点。对于蒙牛来说，广告牌全被砸了无疑是个巨大的打击，对其营销本该是雪上加霜，但作为受害者，蒙牛也因此获得了出乎意料的名气。人们纷纷猜测广告牌被砸的原因，蒙牛这个初出茅庐的品牌究竟得罪了谁。面对这些议论，蒙牛并没有去追究到底是谁砸的广告牌,而是又在呼和浩特市的400多块广告牌上全部投放了广告,广告词为:向伊利学习,为民族工业争气,争取内蒙古乳业第二品牌。这样的广告语一度让大众摸不着头脑,于是猜测和议论又起,蒙牛再一次成为舆论的中心,并且很多人将这句广告语和之前广告牌被砸事件联系起来,对蒙牛产生了极大的同情和好感。而随着两次事件的发酵,蒙牛也在短短几个月内迅速在全国范围内打响了名气,拥有了一定的大众认同度,马上就获得了可观的订单和收益。

6.比附营销策略

比附营销其实就是将自己的品牌和非常出名的品牌联系在一起,毕竟人家的知名度高,这样的话大家在注意名牌的同时也会注意到自己的品牌,进而增加销售量。

7.饥饿营销策略

饥饿营销的操作很简单,定个叫好叫座的惊喜价,把潜在消费者吸引过来,然后限制供货量,造成供不应求的热销假象,从而提高售价,赚取更高的利润,比如小米手机。小米公司自创办以来,销量非常惊人。小米公司在2012年全年售出手机719万台,2021年全年售出手机1.9亿台。小米为什么会取得如此显著的成果?因为小米公司采取了饥饿营销的方式,他们借助互联网进行网上预订、网上抢购。

当大家争抢得不亦乐乎的时候,小米停止销售,很多想买小米的人没买到,这就激发了消费者不肯罢休的心理,坐等小米后面的销售。这种饥饿营销刺激了消费者的心理,同时也让小米培养了自己的一批忠实追捧者。

8.会员营销策略

20世纪初期,会员营销策略就开始出现,最初的做法就是让消费者成为会员,让后续的消费享受一定的折扣,进而留住消费者,达到扩大消费者群体的目的。

2003年10月,北京普生大药房正式推出会员制政策,他们的做法与沃尔玛会员制商店非常相似:一是入会门槛高,每年需100元会费,而今一般药房的入会费只需2元、5元、顶多10元,普生比其他近百家会员制药店高出许多倍。二是颇具诱惑力的低会员价,同类药品比同行普遍低5%~20%。另外,普生大药房为会员提供免费健身及积分送公园年票、免费体检、保险等服务。

北京普生大药房自推出了高达百元的入会费后,店里的药价确实与一般的平价药房拉得很近,有些药甚至还低于平价药房。在普生大药房买药的一位会员这样说:"普生会员费是贵了一些,但是这里的康必得比其他大药房低2元多,安宫牛黄丸比其他大药房低130元,而其他大药房卖98元的金施尔康在这里才74元。这样算下来,我买一粒安宫牛黄丸就能捞回那百元本钱，我觉得一点都不吃亏，何况这会员资格是终身有效的。"

北京普生大药房为什么设置这么高的入会门槛呢？西单普生大药房经理的解释是："这是出于建立会员数据库、稳定客户群的需要。普生会员数据库是通过计算机软件将会员的各种相关信息集中统一处理，做到按全体会员之需购进药品，需要多少进货多少，不会再发生药店常见的库存积压浪费，从而大大降低成本，盘活了资金。"愿意花100元入会的老顾客多为药品消费大户，其中年购药量超过5000元的占50%，超过3000元的占40%，这部分人的购买金额一直稳稳占据了普生总销售额的40%。成为药店最可靠的消费群体。这样可以更好地开发维护忠诚客户。

最后，经过几年推行的会员制营销，北京普生大药房的销售额也明显地上升了，北京普生大药房的会员制政策就是传统的"会员制营销"。

第六节　合法权益要知道，法律武器要拿好

人只要立足于这个世界上，就离不开法律对我们的监督，每一个人只要违反了法律，一定会受到惩罚。因为有法律，这个社会才不会太乱，因为有法律，我们才能生活安定，因为有法律，社会上的一些不法分子才会得到应有的惩罚。法律对于创业者而言，更是最有力的武器，为创业者保驾护航，维护权益。所以，创业者要知法、懂法、守法。因为在创业的每一个环节都与法律有关，无论是项目文件资料，还是简单的劳务合同资料，都需要遵守法律的规定办事。如果创业者不懂得怎么遵守法律，更不懂得怎么利用法律的武器保护自己和公司员工的合法权利，那么付出的代价会非常大，损失也会很严重。

一、创业初容易犯的与法律相关的错误

创业者在创业初期由于法律意识淡薄,会犯几种常见的错误,这往往是由于缺乏基本常识所导致的,后果则可能非常严重。

错误1:没有让每一位创始人签署股权兑现协议、知识产权转让协议。

如果某位创始人过早地离开,但这位离开者却拥有公司的一大部分股权,而留下的团队却要继续呕心沥血地投入到公司发展上。如果出现这样的情况,正确的做法应该是:给每一位创始人的股权设定股权兑现期,如果某位创始人在设定的时间之前离开,则公司有权回购其部分或全部股权。这将赋予公司更多的主动权,同时对负有责任的创始人进行必要的惩罚。

错误2:在签署协议前没有充分理解重要条款的含义。

由于种种原因,一些创始人往往不去阅读,或一厢情愿地去对待及理解所签署的文件。这可能埋下隐患,让留任者不得不重新为重要条款进行协商,或最终让留任者付出比预期更高昂的代价。例如:终止条款等,这类条款往往会被忽视。

当合作者坐下来代表公司签署协议时,合作者必须确信完全理解条款的含义。首先,得明白在协议下能得到的以及要放弃的内容;其次,了解在什么情形下,可能发生额外的支出,或限制公司的收入;最后,要清楚在合同存续期间的分配,哪一方拥有什么权利,比如知识产权。

错误3:未能将重要的商业事务形成书面文件。

成功商业关系的一项重要因素是,使得参与各方有一个明确的预期。这也是为何合同是如此重要的原因,即用书面方式为各方设定预期。对早期创业者而言,最常见的是与承包人的关系。虽然承包人能为公司完成重要的任务,但不幸的是,有太多创始人并未将这种关系用书面形式固定下来。

记住,任何时候,当任何人要你为公司做什么的时候,或者,当你要为其他人做什么的时候,务必要采取书面的方式。多学习一点常识能让你在创业路上走得更长远,它能帮助你避免其他企业家所面临的困境——尤其是法律问题。当你在给公司服务的时候,记得始终带上自己的律师,这样可以使你在第一时间通过可行的方式来避免许多法律上的麻烦。

二、完善企业制度，依法管理公司

创业风险是每一个创业者面临的难题，也是创业者想方设法想避免的问题。在创业过程中，法律防范需自始至终贯穿于企业的运行中，越来越多的企业经营者已经逐步认识到法律风险防范的重要性。那么创业过程中如何正确运用法律武器呢，让其发挥有效作用呢？

许多企业都因为缺少相应的完善的制度，而出现许多不必要的纠纷。制度缺陷主要表现在一股独大、所有者与管理者之间的制约失衡、缺乏有效的股权激励制度等方面。一股独大，在决策上具有反应快速的优势，但当企业规模达到一定程度时，决策往往不是一个人能够完成的，这时候必须群策群力，需要依照公司法才能够进一步加以控制，只有事先以规章的形式加以确定，才使得任何人均不可以凌驾于规章之上。而一股独大会让管理层和员工都觉得这是老板的企业，他们在提供决策支持意见时往往会不自觉地偏向员工利益。比如，投资一个新的项目，本来是由董事会决议的，但由于董事会就老板个人，这时候老板就会让管理层参与决议。事实上管理层肯定是希望老板拿出更多的钱来进行新的投资，这样管理层的舞台会更大。所以这种决策程序难以保证决策的科学、客观。所有者与管理者之间的制约失衡，也会出现两种情况，一是老板不肯放权，管理层的才能得不到发挥；二是管理层权限过大，失去应有的监控。

由此可见，在创业阶段完善企业制度，依法管理公司非常重要，这不仅影响着企业的前景，更涉及企业管理者对法律的认识与应用，对于个人和企业的发展影响深远。

第二章

农村电商发展好　买卖不用四处跑

第一节 了解电商行情,明确前进目标

一、什么是农村电商

要做农村电商,首先要知道什么是农村电商,农村电商一般是指,利用互联网通过计算机、移动终端等这些设备,通过多媒体、自媒体等现代的一些信息技术,涉农领域的生产经营主体在网上完成产品或者服务的销售、购买和电子支付等业务交易的过程。包括对接电商平台、建立电商基础设施、进行电商知识培训、搭建电商服务体系、出台电商支撑政策等。

对于农村来说,农村电商是新时期发展起来的一种新型的商品交易方式,主要帮助农民解决农产品的生产、销售、安全等关键问题,能缩小城乡之间的信息鸿沟,促进农村地区的快速发展。

农村电商还有很多的外延,比如将农产品通过电商平台销售出去,有网上零售或批发等这些形式;在乡村聚集起来销售本地产品的乡村电商就像淘宝村;把电商的物流、人才流等聚集在县城的周边形成电商服务业、物流相关产业、产品配套供应产业协同集群发展的县域电商;把农民需要的生活服务和生活物品等通过电商终端的延伸实现服务到村;将信息技术、大数据等技术应用到农业生产实现农业的规模化、定制化,促进农业、农村融合。

根据中国互联网络信息中心(CNNIC)发布的第47次《中国互联网络发展状况统计报告》显示,截至2020年年底,我国农村地区网民数量规模已达到3.09亿,占网民整体的31.3%,农村地区互联网普及率进一步提升至55.9%。用户规模的不断增长,为网络电商在农村地区的发展打下坚实基础。

二、农村电商有什么价值

我国的电子商务在不断地蓬勃发展,在消费升级和促进"三农"发展的背景下农村电商产业规模不断扩大,慢慢成为农村产业转型升级、农民收入增长的新路径。

案例1:福建省的某县,当地盛产一种南方蜜橘,往年收购的价格为4元每千克,但是有一年却因为各种原因导致这种蜜橘的收购价格大跌。过完年以后,天气变暖,果农们只能把这些卖不出去的蜜橘扔在公路两边。实际在春节前后这段时间北京、上海等这些地方的蜜橘可以达到10元每千克,这些水果是有市场需求的,但是就是因为没有及时连接销售渠道,这些水果只能被扔掉,由此我们就可以看出电子商务连接的价值和重要性。

案例2:在山东省某市的一个小村庄里,一位七十多岁的老太太正在草编筐上安装纽扣,她每天在自己家门口晒着太阳、带着孙子孙女和几个老太太聊着天还能挣到钱。这个就是因为村子的电商以每天50元的价格来雇用她为网店上销售的草制品安装纽扣,这样足不出户就可以赚钱就是电子商务连接的价值。

三、农村电商是怎么发展的

我国农村电商的发展可以分为四个阶段。第一个阶段为1995—2005年,郑州商品交易所集成现货网成立,开始探索粮食在网上流动。第二阶段为2005—2012年,国内频发食品安全事件,很多企业看到了这个巨大的市场,涌现了一大批生鲜电商。第三个阶段为2012—2013年,社会化媒体和移动互联网的发展让生鲜电商有了更多模式的探索。第四个阶段是2013年至今,中国地理标志产品商城等特色网站的出现,促进了农产品电商模式创新。

在农村电商的不断发展过程中也有很多的挑战,比如产品的质量标准认证难、同质化的情况比较严重;供应链体系还不是很成熟,农村电商加大了农产品的连接,方便了农产品的销售,但是对供应链两端的能力却提出了比较高的要求,现在有很多的农村地区物流运输还不是非常的方便;有些农村地区比较缺乏电子商务专业化的人才。

存在这些挑战的同时,农村电商的发展也存在着一定的机遇。比如庞大的人口就可以带来巨大的市场规模;而且随着居民人均收入水平的不断提高,就可以预测到更多的收入可能用于物质消费;加上国家政策的大力支持,农村电商一定会发展得越来越好。

第二节　农副产品都是宝，推销包装少不了

一、什么是农产品的核心产品

农产品的核心产品最重要的一个点就是要持续满足用户的实际或者潜在的需求并且得到高度的认可。主要需要具备有自主知识产权、有高附加值、具有行业领先和市场占有率高的优势，而且要有地理品牌标志、信用、服务、质量等显著优势。

二、怎样挖掘农产品的卖点

了解了农产品的核心产品后，我们要学会挖掘商品的卖点，也就是商品最有吸引力的点，卖点要考虑消费者的感受，要能够激发起消费者购买的欲望。卖点要以商品为基

础从农产品的产地等入手考虑消费者的需求展示商品的特点。卖点要用有记忆点和冲击力的语言描述产品的优点，让他们了解并喜爱产品，展现出本产品优于其他产品的印象。也可以考虑营销卖点，创造一些概念和故事来让消费者了解产品。功能卖点也很重要，比如在卖新疆的蓝莓的时候，很多销售者都说吃了蓝莓有明目的作用；又如在卖攀枝花的芒果时，销售者称其在提高免疫力、美肤养颜方面有一定的功效。

包装形式的创新也是产品很重要的一个卖点，首先要学会概念创新，我们依然用攀枝花的芒果来举例子，"无公害标准化""海拔最高的芒果"等这些概念就是很好的卖点。接着要学会形象创新，我们用三只松鼠来举例子，这三只呆萌的小松鼠就很容易获得女性的青睐。我们也可以用拥有很大数量崇拜者的名人来进行商品销售，比如云南的褚橙由农村电商名人褚时健种植而得名。

好的产品包装也很重要，在相同质量的前提下，那些质量好、产品好的商品一般更具市场竞争力，卖得更好。推出农业旅游，选择一大批种子客户，亲自到现场区挑选体验并发布照片视频也是很好的吸引用户的一种方式。将商品与当地的历史文化相结合，适当进行文化创新也很重要，关于李广杏的传说，就是个例子。

三、产品如何命名

当一个商品要进入市场,我们要记住它首先要记住的就是它的名字,农产品的命名首先要遵守易认、易读、易写、易记的原则,这样才能朗朗上口,容易传播。其次要注意既要能表达农产品的品牌理念又要得到消费者的理解,最好能表现出人类强烈的情感诉求比如爱、强大、前进、财富等,用户一听到名字就能猜到他是干什么的。农产品的命名还要遵循与产品的行业特点和经营范围相关的原则,有利于推广。命名的合法性也是非常重要的,还要注意规避道德文化习俗的问题,在一个地方是非常美好的意思,可能换个地方含义就会完全相反了。一个不带任何负面效应的品牌名比较适合今后的发展。

四、农产品命名的方法有哪些

了解了农产品命名的一些原则,下面给大家介绍一些农产品命名的方法。最先要告诉大家的是形象命名法,形象命名法指的就是运用动物、植物等来为商标命名,把人们对动植物的喜好转接到品牌的身上,比如可爱的三只松鼠对于坚果。故事命名法是指通过故事让品牌在消费者心里落地生根,把产品或发生在产品身上的事讲成一个个故事,让消费者对其印象深刻。产地命名法是显示农产品的产品特性的方法,所谓一方水土养一方人,很多的农产品因为受到产地的影响,它的质量和味道也有比较大的差别,用产地来命名有助于人们对产品产生亲近感和信任感,比如阳澄湖大闸蟹、安徽黄山毛峰等。要注意的是根据目前我国的《商标法》规定,县级以上行政区的地名或者公众知晓的外国地名,不得作为商标,但是具有其他含义的除外。经营者还可以根据商品的品质来在商标上婉转地表现出产品的品质等,比如蕨麻猪、散养鸡、五谷蛋等。还可以用姓氏人名来命名品牌,给人一种历史悠久的感觉,比如永福杜鹃花、其鹏有机茶等。也可以用现代科技为由头来给产品命名,比如三真富硒米等。用制作工艺和主要成分来给产品命名的方式比较容易让消费者对产品产生信任感,比如椰树牌椰汁等。有感情色彩的吉祥词在命名中也很常见,比如方欣(放心)大米。用企业名称来命名的方式比较容易加深消费者对企业的认知来突出企业形象。

五、包装设计的原则是什么

农产品包装设计的原则是科学、经济、可靠、美观。科学主要是说包装设计首先要考虑包装的功能,来达到保护产品、提供方便和扩大销售的目的,来满足人们日常生活需要的同时也符合广大群众健康的审美观和风俗爱好。经济是说产品的包装设计要用最少的财力、物力、人力来达到最大的经济效果,这就要求我们的包装设计要有利于机械化地批量生产自动化的操作和管理来降低材料消耗,节约能源。可靠是说要保护产品,不能在各种流通环节上损坏、污染,用科学合理的包装方法和材料进行包装。美观的包装可以激发人们的购买欲,美化人们的生活。只有将这四点有机地结合,才能让包装各个方面都有创造性有思想。

六、具体的农产品应该如何包装呢

比如说鲜果类,像水蜜桃、葡萄、草莓等,它们硬度比较低而且保质期短,我们需要密闭包装低温保存。像荔枝、樱桃这样的水果保质期比较短就需要低温保存。像苹果、柠檬、梨等,硬度就比较高,保质期就相对比较长。总而言之,在包装水果的时候,选果一定要选好,如果有腐烂的水果就会污染其他水果。装箱的时候要记得装实,不可以晃动,避免磕碰还可以用透气棉来包装,同时设置透气孔,包装的时候一般情况下必须要有内衬,或者是发泡棉、气柱等,如果是保质期比较短的果品需要专业地打冷处理、加入冰袋或者真空处理。比如说蛋类,像鸡蛋、松花蛋、咸鸭蛋等,他们的特点是易碎,需要在内部加上填充物或者无缝隙包装蛋托。对于腌制类的产品,如腊肉火腿,对于包装的要求比较低。像干果大豆这些干果品对于包装的要求也不是很高。

第三节 抖音淘宝拼多多,直播卖货乐呵呵

一、怎样开一个淘宝店呢

淘宝网有很多支持农村电商的政策,比如设立"兴农扶贫"频道,举办这样的节目来助力农村电商等。

淘宝平台的店铺主要包括集市店铺、商城店铺以及农村淘宝三种类别,下面让我们一起来具体了解一下它们。

集市店铺,主要包括淘宝个人店和企业店,以个人名义通过身份认证创建的店铺为淘宝个人店,以企业名义创建的店铺为淘宝企业店。个人店的店铺没有标志,企业店的店铺标志为"企",展示位置为店外、店内、店铺套头、详情页、购物车。个人店的注册条件为身份证,企业店的注册条件为营业执照。个人店铺的名称不能使用公司、企业、集团、官方、经销这五个词,企业店的名称可以包含公司、企

业、集团、官方、经销这五个词。个人店可以免费获得3个子账号,企业店的子账号数量比个人店铺数量多18个。个人店的橱窗推荐位与店铺的信用等级、开店时长、消费者保障服务、金牌卖家、违规扣分、周交易额有关,企业店铺比个人店铺多十个橱窗位。入驻集市店铺的方式:首先需要用邮箱注册淘宝账户,接着进行支付宝认证,这里需要注意的是个人店铺需要进行个人实名认证,企业店铺要进行企业实名认证,下面填写注册信息,个人店铺要填写个人的身份证信息,企业店铺要填写企业注册信息,最后创建店铺成功,缴纳1000元起步的足额保证金,就可以开店营业了。

商城店铺,天猫商城是综合性的购物网站,商城店铺其实就是天猫店铺,有这几种类型:旗舰店就是自有品牌,自有商标入驻天猫商城就可以叫某品牌的旗舰店;有正规品牌授权书在天猫商城开设这个品牌的店铺就可以叫"品牌专卖店";经营着天猫或者天猫同一大类下两个及以上的品牌商品的店铺叫专营店。

农村淘宝是阿里巴巴集团战略项目,在2017年6月1日完成升级与手机淘宝合二为一,针对农村市场手机淘宝增设"家乡版"。农村淘宝针对农村用户,不仅有粮油美食、服装等,还有农民常用的种子化肥、农用机具、农膜农药等。农村淘宝平台入驻的店铺需要具备的条件有:店铺卖家的服务评级系统,包括宝贝描述相符、卖家服务态度、发货速度这三项指标要求评分分别不能低于4.6分。淘宝店铺的开店时间要大于等于365天。店铺的好评率要大于等于95%。近一个月人工介入退款笔数占比小于等于1%,或比数少于等于5笔。卖家的信用等级一钻以上。

二、怎样拥有一个拼多多店铺

拼多多成立之初就是以水果生鲜拼单切入电商市场,现在的拼多多虽然已经发展壮大了,但是平台一直都很重视农村的电商市场。要让全国各地的农产品走出农村是拼多多的目标。

拼多多有两大类多种店铺入驻身份。拼多多的店铺类型也可以包括企业店和个人店这两类,个人店比较适合个人也就是个体工商户,提供身份证等这些材料就可以开店。而企业店等比较适合公司,需要提供营业执照等可以开店。这里的个人店可以分为个人店和个人工商店。个人店开店的主要材料是身份证,而个人工商店的主要材料是个体商业户的营业执照。企业店可以分为旗舰店、专卖店和普通店。他们的不同在于经营店铺的品牌要求不一样。旗舰店经营1个自有品牌或者1级授权品牌。专卖店经营一个授权品牌的商品。而专营店的经营需要同一主营类目下两个及以上品牌商品的店铺,一般普通的店铺没有品牌的要求。拼多多的平台入驻是免费的,不同的店铺所要缴纳的保证金就不同了。

三、如何入驻拼多多呢

个人店铺的入驻资质是个人,首先需要拥有一个能收到短信的手机号和一个身份证,这里要注意一个身份证最多可以注册两个个人店,保证金是2000元,虚拟类目的保证金为10000元。个体工商户店铺需要营业执照。旗舰店、专卖店、专营店的入驻方式首先也是需要一个能收到短信的手机号,保证金为1000元,虚拟类目的保证金为10000元。还需要距离截止日期大于三个月的营业执照和距离截止日期大于三个月的组织结构代码证,还要距离截止日期大于三个月的银行开户许可证和企业法人的身份证以及商标注册或商标受理的通知,这个是旗舰店需要,商标授权书是专卖店和专营店需要的。具体的流程先登陆拼多多官网→单击商家入驻→选择好入驻类型→填写资质和入驻信息→阅读并同意《拼多多平台合作协议》→提交并确认重要信息→等待平台审核→商家根据短信提示修改并提交→开店成功。

四、快手和抖音有什么区别

关于短视频的制作，就不得不提到当下人们比较熟知的两个短视频平台，抖音和快手，那这两个平台有什么区别呢？

快手的产品定位是用来记录、分享和发现生活，抖音是音乐、创意和社交。快手所针对的目标用户是三四线城市和农村用户居多，而抖音针对的是一二线城市和年轻用户居多。快手针对的人群特征是，自我表现意愿强、好奇心强。抖音针对的人群特征是碎片化时间多，对音乐有一定的兴趣。快手的运营模式是规范社区、内容把握。抖音的运营模式是注意推广、扩大影响。

五、如何入驻快手和抖音电商

明确了抖音与快手的不同，下面来为大家介绍一下如何入驻快手和抖音平台的电商。

首先来介绍快手，我们在下载了快手这个软件以后，按照要求注册就可以成为会员，要在快手中卖货，就需要开通"我的小店"功能，打开快手，点击我——快手小店——点击右上角:开店,选择你想要开通的卖货方式,点击加入,上传身份证正反面以及营业执照并入驻就可以开通属于你的快手小店了。

接着我们来说抖音,抖音小店如何开通呢？我们首先打开抖音,点击我,在页面点击右上角的三条横杠,接着点击创作者服务中心,点击全部分类,再点击开通小店就可以入驻了。

六、具体怎样制作短视频

拥有了快手和抖音店铺,接下来我们来教大家具体怎么制作短视频。对于初期制作短视频的团队来说,拍摄的设备用手机就可以了,因为现在手机的拍摄功能都比较强大,可以满足新手的拍摄需求。为了提高短视频的拍摄效率,在拍摄短视频时,最好有一个拍摄的提纲,这个就是拍摄脚本。现在视频的剪辑软件很多,在短视频制作的初期可以使用剪映、爱剪辑这样简单容易操作的软件通过手机就可以完成剪辑。后期逐渐进步使用电脑剪辑时,也可以使用比较专业的视频剪辑软件。

七、为什么要制作短视频呢

短视频相对于文字图片来说,是一种更新型的媒体形式,它短平快又方便制作。短视频融合了文字语音和视频,可以更加直接立体地满足用户的表达和沟通需求。短视频的内容可以与电商销售有机地结合起来,而且短视频还可以很好地实现"粉丝变现"。利用短视频来进行农产品的销售不但门槛比较低,而且可以做到农产品的种植、加工、包装、整个流程的可视化。这样就可以让消费者更加放心地作出选择。举个例子来说明,比如说广西某县的短视频创作者"巧妇9妹",她通过短视频分享自己的农村生活,不到一年的时间,她的"粉丝"数就突破了200万。2018年这个县的荔枝产量大约有5000万千克,其中质量比较好适合外销的大概有500万千克,而"巧妇9妹"通过短视频引流到电商就销售了十分之一。

八、怎样制作出好的短视频

在制作短视频的过程中,好的剪辑要让观众注意不到剪辑的痕迹。主要注意以下几个方面:首先是信息,信息就是要通过镜头传递给观众内容,可以分为视觉信息和听觉信息;接着是动机,镜头的转场、切换都是有动机的,就像当对象陷入回忆时,这个时候镜头也应该切换到回忆的画面;镜头的构图也非常重要;摄影的角度也是重点;剪辑要达到平稳连贯,让观众看着很舒服;声音的剪辑要自然。

在运营方面要注意:紧扣热点做好内容的策划,就是要考虑怎样的内容观众才会感兴趣,可以围绕热点对短视频进行创作;内容要能展现新农村的新风貌,农村现在是什么情况,是现在城里人比较感兴趣的一个点,好山好水好风光里长出来的好的农产品当然也能吸引消费者的关注,农家趣事和新的农村精神风貌也是很好的点;场景化能够展现出乡情和农村生活的常态也是大家所喜欢的内容;用短视频的拍摄来突出农产品的优势,比如好吃、新鲜、无公害等;短视频的标题封面以及背景音乐还有开头的三秒内容也非常的重要,这些都是吸引消费者的关键。

九、短视频和直播有什么区别

农产品直播因为比较贴近人们的生活能引起人们的注意,农民直播更是一种新型的农村特色电子商务,激活了现有的农村电商系统,呈现出良好的发展前景。

直播和短视频有什么区别呢？短视频的表现形式为先制作后呈现，直播的表现形式为实时呈现；短视频有休闲娱乐的特征，直播有社交互动的特征；短视频的实时性比较弱，直播的实时性比较强；短视频不是很强调互动性，而直播特别强调设计互动性。

十、农产品直播有什么优点

农产品直播有很多的优点，比如：农产品直播对主播的要求不是很高，一般来说农民就可以，这样"接地气"更好；而且大多数的农产品都属于冲动型购买，比较适合团购，消费者一般来说没有明确的计划和目标，在直播时通过主播现场的介绍和促销更容易激发消费者购买的欲望；通过观看直播让消费者的购物体验更加的真切，对商品的了解更加的全面，通过主播的现场讲解让观众对商品对店铺更容易产生信任感；直播可以在一定程度上降低人力成本，一般来说在介绍一款产品时，都需要一对一的介绍，而直播可以一次性给直播间的观众朋友们都介绍清楚，大大提高工作效率；通过直播带货还可以促进乡村的经济发展，而且营销的效果也可以通过数据来清晰地衡量。

十一、具体如何直播

我们依然用当下大家比较熟悉的两款软件来举例说明，比如快手平台，我们只需要打开快手，完成注册，点击下方中间的加号，选择右下角的直播，点击开始视频直播就可以了。抖音平台，完成注册后，同样点击下角中央的加号功能，再点击右下角的开直播，点击开始视频直播，就可以开始直播了。

十二、怎样才能做好直播呢

在直播开始之前要做好充足的准备，比如需要了解的一款苹果，它的优点是什么？特色有哪些，可不可以与平安这个寓意连接起来？人们吃了对身体有哪些好处？在直播时，动作和表情一定要丰富，吃一口苹果观众就要通过主播的表情来真实感受到苹果有多甜、多好吃、多脆等，如果有消费者下单，要积极地向消费者表达感谢和赞美，最好可以积累一些直播的素材，来增强互动性，增加直播间的幽默感，通过个人魅力的展现让消费者成为主播的忠实"粉丝"。用各种不同的方式来推荐商品，来刺激消费者的购买欲望，必要的时候还可以在直播现场发起团购,鼓励消费者消费。也可以建立一支团队轮流在上午、下午、晚上这三个时间段每天直播,增加销量。

第四节　推进农村电商,激活乡村振兴

一、国家对农村电商的一些政策支持

随着电子商务的不断发展,各个地方基于前些年的积极实践,让政府参与调研有了足够的范例,积累了丰富的经验,出台的政策和文件的时机愈发成熟,我们要认真了解政策精神,抓住农村电商的政策机遇。

农村电商为脱贫赋予了新动力,2014年国务院扶贫办将"电商扶贫"正式纳入了扶贫的政策体系,并在2015年将电商扶贫作为"精准扶贫十大工程"之一开始正式实施,电商扶贫就是将电子商务纳入扶贫开发的工作系统当中,发展贫困地区的电子商务,让贫困地区的产品和服务对接电商大市场来提高贫困家庭的收入和生活水平。2016年国家在《关于完善支持政策促进农民持续增收的若干意见》中

指出强化精准扶贫,精准脱贫。持续加大扶贫综合投入力度,通过产业扶持、转移就业、易地搬迁、教育支持、健康扶贫、社保兜底等措施,因地制宜,分类指导,精准施策,确保如期实现脱贫攻坚目标;将民生项目、惠民政策最大限度地向贫困地区倾斜,广泛动员社会各方面力量积极参与扶贫开发;实施贫困村一村一品产业推进行动;强化贫困地区农民合作社、龙头企业与建档立卡贫困户的利益联结机制;深入实施乡村旅游、林业特色产业、光伏、小水电、电商扶贫工程;加大对贫困地区农产品品牌推介营销力度支持。《中共中央国务院关于做好2022年全面推进乡村振兴重点工作的意见》提出,实施"数商兴农"工程,推进电子商务进乡村,为广阔乡村架设了农产品流通新平台,拓宽了农民增收路径,激活了乡村振兴的潜能。

二、农村电商图书

通过本章的阅读,相信大家对农村电商已经有了一定的了解,如果您还想深入了解,推荐您阅读以下书籍,相信您阅读完之后,一定会对农村电商产生更多的收获。

《农村电商》

作者:柳西波　丁菊　黄睿

人民邮电出版社

这本书一共有八章,第一章介绍了农村电商的概念、分类、发展的现状和趋势,让大家全面认识农村电商。第二章讲了解农产品电商化需要注意事项,包括农产品用户画像方法、产品卖点挖掘技巧、产品文案策划和注意事项。第三章讲了农产品品牌策划需要注意的事项,包括农产品的命名、标识设计和包装设计的方法,农产品的价格、销售渠道和营销策略。第四章讲了关于农村电商平台化运营,包括淘宝等一些平台的运营方法。第五章讲了农产品的多元化平台运营如拼多多等平台。第六章讲了农村电商短视频和直播的一些运营方式,包括短视频和直播运营的流程和运营的方法。第七章讲了农村电商物流的特点、模式和发展趋势。第八章讲了农村电商人才的培养以及团队的打造。

《农村电商运营:从策略到实战》

作者:裴涵等

电子工业出版社

这本书详细解答了农村电商是什么,农村电商新的机遇在哪里,以及如何在农村进行电商创业等问题。对农村电商进行了剖析,也对如何从事电商创业进行了深入的分析,从平台选择、运营方案、常见问题等方面提出了详尽的指导方案。

《农村电商100问》

作者：林广毅等

中国人民大学出版社

这本书通过问答的方式阐述了一些关于农村电商的理论、政策和实践。一问一答的方式让我们读起来非常的好理解，推荐大家可以尝试阅读。

《农村电商：互联网+三农案例与模式》

作者：魏延安

电子工业出版社

这本书通过对农村电商整体概念和框架的介绍、对主要的进展和问题的解读以及对县域电商主要模式的对比、"淘宝村"现象的分析、农产品电商路径点评、互联网+农业解析、农村电商创业者合理介入与困惑解疑提供有益的参考和帮助。

《农村电商：互联网＋三农案例模式（第2版）》

作者：魏延安

电子工业出版社

这本书讨论的农村电商泛指县域内农村电商的总和。具体分为农村电商的总论、农产品电商、农村电商、县域电商、农村现象、电商扶贫、电商下乡等。很适合农村电商的就业创业者阅读。

《农村电商与创业》

作者：王慧

人民邮电出版社

这本书从新的文件精神出发，结合作者多年在涉农电商领域大量的研究和深入的思考，介绍了农村电商、农产品电商、农资电商、农业电商、淘宝村、县域电商、电商扶贫、民宿电商（农旅电商）等内容。对我国农村电商的种种业态、典型模式和突出问题等进行了详尽的描述和深入的剖析，并提供了有效且可行的建议对策以及实施方案。

当然我们列举的也只是有关农村电商书籍中的一部分，如果您还有很多疑惑，可以通过网络、请教专家来获取答案，相信爱学习的您，只要有积极进取的上进心，创业一定能成功。

第三章

拾起传统手艺　创造就业岗位

第一节　拥有发现美的眼睛

华夏文明几千年，灿烂的文化长河绵延不息。从黄河流域兴起的中华文明，在历史长河中孕育出了万万千千的优秀传统文化基因。在文化的沉淀中流传下来的传统手工艺文化，则是华夏文明的瑰宝。我们的祖先不仅仅靠它们吃饭，更将它们看作是发家致富的技艺。其中富有中华民族特色和文化底蕴的传统手工艺品就是其中之一，人们多采用天然材料进行加工制作。传统手工艺一般具有百年以上历史和完整的工艺流程，如我们熟知的木雕、竹制品（手工编制的竹篮、竹筐等）、玉雕、石雕、景泰蓝等，一般以手工艺品出现在大家的视线当中，除此之外还涉及很多方面，如黄杨木雕、剪纸技艺、麦秆画、年画、石刻画、刺绣等。传统手工艺不仅仅是老祖先们的生存技艺，它更代表的是中国的工匠精神！

然而,进入20世纪以后,工业化发展出现了新的变革,乡土社会的文化空间格局被冲散,以手工劳动为主的传统手工艺模式,无力抵抗机械化大规模生产而一再走向市场边缘化,呈现出颓败之势。实用性的传统手工艺制品被新形态的工业产品所替代,技艺性的手艺也因为经济前途渺茫被弃置。"手艺精神"在工业文明的高效生产中遭受冷落,传统手工艺的发展逐渐丧失了内生动力,"手艺是活宝,走遍天下饿不倒"的民谚在乡土社会中不再奏效。岁月流逝,传统手工艺的传承人逐渐变得屈指可数,如兰州的手刻葫芦,现在对这项手艺掌握的人数少之又少,这就意味着传统手艺的落寞;赫哲族鱼皮衣制作工艺,全族仅有六人掌握这项技艺。更有不少独门技艺因后继无人已濒临灭绝,传统手工艺在被人逐渐地遗忘。

面对这样的窘境,我们有必要厘清中华优秀的手工艺文化的发展脉络及其种类,立足于当下,学会发现传统美,学会展示传统美。

一、传统手工艺有哪些

在乡村振兴的大背景之下我们需要有发现美的眼睛,需要具备发现美的能力。现在大家都被快速发展的时代追赶着快速向前走,很多人没有时间驻留脚步观察生活中的美好。传统手工艺在最不被人发现的地方释放着它所具有的独特魅力,而且随着人们对传统文化的追求,传统手艺也正在以"润物细无声"的方式潜进了人们的生活,未来会有更大的前景和发展。那么究竟有哪些传统手工艺需要我们去关注呢?

1.丝绸刺绣

刺绣又称丝绣,是中国优秀的民族传统手工工艺品之一。据《尚书》记载,在4000年前的章服制度,就规定"衣画而裳绣"。刺绣在古代主要是在丝绸上绣制图案,其中丝绸刺绣是闻名海外的中国特产之一,通过古代丝绸之路,刺绣是最早走出国门的手工艺品代表。另在《诗经》中也有"素衣朱绣"的描绘。宋代时期崇尚刺绣服装的风尚,已逐渐在民间广泛流行,这也促使了中国丝绣工艺的发展。明代刺绣已成为一种极具表现力的艺术品,先后产生号称"四大名绣"的苏绣、粤绣、湘绣、蜀绣。这四大名绣各具特色,各有千秋,都能很好地反映不同地区人们的生活景象,如苏绣的特点是山水能分远近之趣,人物能有生动之情,别有一番江南婉转美好的气派!而相比于苏绣,蜀绣多产于四川成都,蜀绣题材多以花鸟、走兽、山水、虫鱼、人物为主,也能很好地反映出川蜀之地的风情民俗;粤绣构图饱满、装饰性强;

湘绣多以国画为题材,形态生动逼真等等。因此刺绣是非常具有表现力的艺术品。

2.雕刻

雕刻是八大传统手工艺品之一,雕刻分为石雕、木雕、玉雕、泥雕等。雕刻这项工艺也是从古至今就有的一项手工艺,雕刻在中国各个地区都有。木雕是来自民间的传统手工艺,起源于新石器时代,以最早出现的木雕鱼等简单的木雕工艺品为代表作品。唐代木雕像技艺的发展达到高峰。如今,历经几千年的传承,木雕工艺大多数的传统技艺得到了很好的继承和发展。玉雕是中国最古老的雕刻品种之一,玉石经加工雕琢成为精美的工艺品,称为玉雕,所以玉雕手工艺在民间得到了广泛传承。玉雕的品种很多,工艺师根据不同的玉料,经过精心设计,才能把玉石雕制成精美的工艺品。中国的玉雕作品在世界上享有很高的声誉,具有悠久的发展历史和鲜明的时代特征。泥雕所采用的材料是硬油泥,一般采用人工雕刻的方法进行。雕刻师根据产品的设计概念,或参照设计图片利用油泥堆砌和雕刻,最后得到产品外观的油泥模型。油泥模型在经过客户确认后,通过逆向的方式得到三维的CAD参数模型以进行后续的设计工作。

3.陶瓷器具

陶瓷是陶器和瓷器的总称,陶瓷手工艺是最能代表中国文化的日用工艺品,也是中国对外交流与文化输出的一张重要名片。陶瓷除了其文化属性,它还反映了社会生活、大自然、习俗观念等,是一种立体的民族文化载体,或者说是一种静止的民族文化舞蹈。陶瓷文化是中国独有的经典艺术,人们大多认为景德镇的陶瓷代表了我国陶瓷文化的鼎盛。其实,早在汉代时期,陶瓷文化相对比后世,更加厚重与意义深远。研究汉代陶瓷文化发展同样可以领略汉代政治、经济、文化等方面的发展。熟知汉代民俗的人们都知道,汉代属于刚刚走入封建时期的稳定阶段。汉代的很多工艺都还很粗犷,人们日常用品的精致度也无法与后来的唐、宋、明、清时代媲美。但是,汉代陶瓷也给我们带来不小的惊喜。比如以汉绿釉、汉两彩为代表的汉代原始青瓷的精湛工艺,甚至是后世无法达到或与之媲美的。所以,汉代瓷器同样展现了汉代王朝不一样的壮美。

4.纸伞

纸伞又称油纸伞,是传统手工艺品,作为起源于中国的一种纸制或布制伞有近千年的历史。纸伞工艺考究,造型美观,轻巧耐用,地方色彩浓郁,与脱胎漆器、角梳并称为福州"三宝"。中国传统婚礼上,新娘出嫁下轿时,媒婆会用红色油纸伞遮着新娘。油纸伞是世界上最早的雨伞,纯手工制成,全部取材于天然,是中国古人智慧的结晶。油纸伞"以手工削制的竹条做伞架,用涂刷天然防水桐油的皮绵纸作伞面",作为中国传统的雨具,它的使用历史已有上千年。但随着洋伞的流入和普及,如今在大街上几乎很难再见到油纸伞的踪迹,更别说"撑着油纸伞的丁香姑娘"了。

传统的油纸伞的制作过程非常烦琐,全部依赖手工完成。民间有谚语:工序七十二道半,搬进搬出不肖算。关于油纸伞的制造流程与步骤,大致来讲可分成如下几步:

第一步是号竹:即选竹。

第二步是做骨架:削伞骨,并进行水浸、日光晾晒等必要的技术处理,然后钻孔、拼架、穿线、串联伞柄伞头制成骨架。

第三步是上伞面:把裁好的纸粘上骨架,修边、定型,曝晒。

第四步是绘花:于伞面绘上图案,晒干。

最后一步是上油:在伞面刷上熟桐油,待完全干后就可以使用了。

国内传承较好的油纸伞作坊,如秦风汉月油纸伞、若水堂油纸伞等,仍然以传统古法制造油纸伞,86道工序全手工操作,从削竹到绘制图案都是全手工,没有使用机器。材质也固守传统，为的是保持其古法天成的韵味，不使其沦于工业化。

伞托，一般是由大山里砍伐下来的通木制成。制作工具也历史悠久，品质控制严格，要求"四沟"平整不露接头，"牙子"不露口，"胚子""托子"不露"猪鼻孔"，涂桐油也要求均匀。伞面绘制也很讲究，由专业画师完成，主要取材于传统国画题材。也有各种民间题材，切合不同喜庆场合，比如婚聘的油纸伞。

5.剪纸艺术

剪纸艺术是古老的中国人民发挥自己的巧手，创造出来的最早的艺术和文化之一，现在已经有3000多年的历史了。现在我们见到的很多复杂剪纸，有花、有草，还有很多可爱的小动物形象都被融刻进剪纸艺术中。以前过年时节，家里如果有老人会剪纸，那家家户户都会在窗户贴上剪好的纸花。中国人一向喜欢红色，这样一来喜气洋洋的氛围立马就有了，这就是中国剪纸艺术的魅力所在。

第二节　这样做，让传统手艺焕发光彩

俗话说使用就是最好的传承。传统手艺也不例外，尤其是最近十几年，互联网的普及，人民的生活水准有所提高，精神生活有所丰富的情况下，传统手艺也随之迎来了新的发展路径。据新闻报道，现在要做的最主要的工作是将现代化的元素融入传统手工艺中，现代的信息、高科技、现代化词汇等，与生活息息相关的一切都能与传统手艺建立联系。现在很多创意设计师完全可以按照这个思路去做，挖掘现代生活和传统文化可以结合的点，然后进行改造、制造出来的产品绝对能火起来。一方面增加了产品销量，另一方面，这种行为对传统文化的肯定和传播做了很大贡献，值得提倡。

那么，我们具体要怎么去做呢？

一、当代传统手工艺的传播路径

1."互联网+"背景下,传统手工艺与多媒体结合

现在是个互联网高度发展的社会,传统手工艺也开始"搭"上互联网这趟快车了。在未来,"互联网+"背景下,优秀传统手工艺与多媒体的结合是个很好的方向和趋势,发展有着无限的潜力。

2."互联网+"背景下,传统手工艺与自媒体结合

互联网给人们生活带来的改变是巨大的,现在人们生活的方方面面无一不跟互联网有关系。同样,这也促使了很多人从事自媒体这个行业,流量越大就越火,现在流量也能变现,因此自媒体与传统手工艺结合也是当下发展的热点和趋势。

3."互联网+"背景下,传统手工艺与人工智能结合

人工智能的定义可以分为两部分,即"人工"和"智能"。其实还可以这么理解人工智能,就是给机器赋予了人类运算的法则和思想,使其在某种程度上可以更加精准地代替人类去完成一些工作,进而节约人力。人工智能与传统文化的结合是未来发展的重要趋势。

2018年,在上海国际茶业展中,基于人工智能技术对

泡茶技艺的解析,将茶种、工序、温度、时间等信息数据化,借助传感器对泡茶动作进行识别判断,通过云扫码技术智能识别茶叶,自动确定茶叶在不同品种、份量情况下的泡制时间和温度。配合人工智能可以实现短时间高效率的技艺传承和传播。

二、传统手工艺品的营销方式和策略

1.产品策略

(1)首先要打造自己的品牌和特色。找准定位,打造品牌特色是第一位,可以选择从自己的商品特征入手,比如油纸伞,就可以打造比较复古或者与中国传统文化结合的特色,然后进行售卖。

(2)观察消费者心理。消费者感兴趣的点在哪里,消费者的需求是什么,他们的偏爱是什么,只有充分地了解这些点,知彼知己,才能找准消费者的"病根",才能对症下药,同时也可以不断完善自己的产品。因此只有了解对方,才能找准自己产品的出路。

(3)产品必须做到深度和宽度相结合。有句话说得好,没有人会在原地等你,做产品也是同样的道理。时代在发展,产品也要不断地优化,不断地扩展产品深度和广度,才能经久不衰。

2.渠道策略

第一,可采取线上销售和线下销售相结合的方式。

第二,线上销售可以是直播带货的形式。

3.价格策略

为满足不同消费者的需求,对于产品的价格可以稍作调整,设计多种层级的价格定位,让消费者根据自己的需求多种选择。

第三节　让"非遗"永流传

　　非物质文化遗产名录是保护非物质文化遗产的一种方式。联合国有《保护非物质遗产公约》和《保护世界文化和自然遗产公约》,前者管"非物质",后者管"物质"。《保护非物质遗产公约》生效之前,作为试验,联合国教科文组织分别于2008年、2009年和2010年命名了三批世界非物质遗产,共90项,其中中国4项,即昆曲、古琴、新疆的木卡姆民族歌舞和与蒙古国联合申报的长调民歌。中国已经成为世界上拥有世界非物质遗产数量最多的国家。现在有很多热议,关于国学热、传统文化进学校、传统文化进课堂等。我们与传统文化相关的服饰、饮食、汉字等都开始走向国际的舞台,很多国外的朋友都开始学习中华文化,有穿汉服、包饺子、吃汤圆等,这些无一不表明中华优美的传统文化正在走向世界。但是想从根源上振兴传统文化,让灿烂中华文化进入寻常百姓家,我们要走的路还有很长。

1.面人文化

小面人大家都非常熟悉,师傅们以面粉或者糯米粉等为原材料,调好水和好面之后,就开始利用自己巧妙的双手和聪明的大脑进行创作。从一个个小面团到一个个栩栩如生的面人,在这个过程中体现出了面人文化蕴含的价值。如今面人文化已经是国家非物质文化遗产的"一份子"了,它正在发挥其引领性价值,为传承优秀传统文化、留住特色传统手艺扛起了重要的担子。

2.雕刻技艺

雕刻技艺在中国的历史非常悠久,尤其是木雕技艺,从原始社会开始,我们的老祖先就无时无刻不在进行艺术创作。在商代,雕刻技艺还仅仅是简单地在陶瓷工艺品上,但到了春秋战国时期,发展为立体圆雕工艺。人们通常刻印的有各种各样的小动物、植物花草甚至还有人物,各种形式的木雕展现着中国人民的艺术细胞和创作能力。著名的"徽雕艺术"是中国人民在雕刻技艺方面浓墨重彩的一笔。俗话说,一生痴绝处,无梦到徽州。徽州人杰地灵,徽雕文化也是历史悠久,尤其是徽州的石雕和木雕,技艺精湛,就是从事雕刻技艺的老手艺人去了徽州也不得不感慨。如今走在徽州的大街小巷,都可以看到精美的雕刻产品。

3.刺绣工艺

刺绣这门手艺对于人的耐心要求非常高，它非常讲究"顺""齐""平""匀""洁"。顺的意思是画出来的线条要非常平滑、顺溜；齐就是每个针脚下的线整整齐齐的，看上去非常丝滑；平也是同样的道理，刺绣时的手势要格外注意；最后就是均匀，看上去整齐平滑，线条搭配巧妙精致，给人以美的享受。

我国本身就是一个多民族国家，大江南北都有不同的民族生活，刺绣工艺在不同的民族中绣制方式不一致，其代表的含义也不相同。比如大西北的青海民间刺绣，尤其是土族姑娘们的刺绣功夫堪称一绝，姑娘们用自己灵巧的双手将艺术镌刻在鞋袜、腰带、头巾、肚兜等服饰上，每一针一线、每一种颜色的搭配都体现着土族人民的智慧与情怀。青海地区的刺绣工艺历史非常悠久，可以追溯到唐代，中国与西域的文化交流给西北各地区留下了文化的符号和烙印。文成公主入藏时中原丝绸传入西北地区，于是青海土族开始利用这些丝绸制作不同的服饰，在上面绣制不同的花草图案以表达对生活的热爱，久而久之，刺绣技艺流传下来，成为该地区的瑰宝。把非物质文化遗产传承延续、发扬光大靠的是什么？靠的不是口号，而是实干；靠的不是一个人或者一小群人，人人都应该是传承者。借助互联网的力

量,青海土族刺绣也在不断走入大众的视野,不断继承传
统,发扬创新!

第四节　小葫芦刻出大财富

　　葫芦雕刻的种类有很多,大体上分为两种,一种是葫芦雕,另外一种是刻葫芦。关于葫芦雕,顾名思义,就是在葫芦上雕画,使其成为供人欣赏的葫芦艺术品。从专业的角度来讲,葫芦雕刻的手法不一样,得到的产品也不尽相同。《葫芦烙画》中关于葫芦雕刻的手艺有专业表述:主要雕法有阳雕、阴雕、透雕、阳雕平地、阳雕沙地、阴刻阳雕、双勾勒等。主要刀法有直刀、平推刀、外侧刀、内侧刀、顺行刀、逆行刀、挑刀、垛刀、切刀等。这些专业的刀法名称对于大众来说听起来晦涩难懂,但对于专业的雕刻师傅来说,这些可就是他们的基本功了,要想让自己雕的葫芦出众,掌握必要的技能是至关重要的。

　　刻葫芦的历史更为悠久,早在张骞出使西域的时候就有手工艺人在葫芦上刻字、刻山水人物花鸟等。尤其是甘肃一带,民间有很多技艺高超的人,用一个平平无奇的葫芦和一根微不足道的针就可以制造出一件栩栩如生的艺术品。人们模仿徐悲鸿、齐白石等大家的画韵,在小小的葫芦上不断进行刻画,有刻花草树木的,有刻山水景色的,有刻特定人物的,比如刻画一套《西游记》中的人物,每个人物的形状都赋予其独特的个性,与其性格相匹配等。还有一种是镂空葫芦,就是不仅仅用刻针,而主要是用刻刀进行创作,这是新的创作方法,对雕刻者的要求相对较高。说了这么多,如果你的家乡也有种植葫芦的话,你会雕刻葫芦吗?

一、刻葫芦的流程和方法

1.刻葫芦品种

葫芦主要分为三种:一种是亚腰葫芦,高不过尺,形态玲珑;一种是鸡蛋葫芦,大的似鸡蛋,小的如算珠,小巧精致;还有一种是疙瘩葫芦,大如人拳,表皮生有不规则的瘤突,颇具古拙意趣。鸡蛋葫芦是甘肃兰州特有的品种,最具代表性。

2.原材料加工

大致可以总结为刮葫芦、洗葫芦、压葫芦、打磨葫芦这四个步骤。其中洗葫芦时,用温水将刮过的葫芦洗净,然后晾干;压葫芦指的是用未开刃的刀子对葫芦表面进行刮压,要一刀紧挨一刀,不留空隙。须经过多遍刮压,直至葫芦表面触觉光滑油腻。

3.构思

拿到葫芦,要在上面刻什么,怎么布局,如何刻画更加好看,这些都是需要进行构思的。并且在刻的过程中不断地作出调整,尽量按照葫芦独特的形状呈现出它的美。

4.画图

根据不同的需求,可以在葫芦上面画上优美的图案。

5.雕刻

首先要准备各式各样的刻针和刻刀,有粗的刻针、有细的刻针,有尖的、宽的、窄的、扁的刻刀,每种针和刀不一样,所产生的效果就大不相同。纪录片《兰州刻葫芦》记录了兰州手艺人对于葫芦刻画的过程:艺人用铲、刮、磨等手法来表现中国画的点垛、渲染、皴擦效果,从而可以制作出各种风格的画面效果。刻的内容也主要以中国的国画为主,有人物的、山水的、花草树木的,很多类型都被刻画在葫芦上,表达了人们对于中华文化的记载和热爱。但是刻葫芦也存在问题,就是因为在葫芦的表面,一层极薄的硬皮在刻破后会露出白色海绵状物质。这个物质很柔软,刻刀无法在这里体现木刻的效果,刻出的总体效果感觉不如在木板上雕刻得好,容易把葫芦搞"脏"。

6.着墨

将刻好的葫芦打上墨,使墨色嵌入刻痕,形成笔墨效果。若是彩刻,就需往刻痕内擦嵌不同的色彩,使其呈现彩色效果。

7.上色

将着墨好的葫芦进行上色,上色的颜色种类最好不超过三种,否则会显得眼花缭乱,弄巧成拙。

8.打蜡

给着墨、着色后的葫芦表面打上一层蜡,使其防潮耐久。

9.进行装饰

根据个人喜好还可以增添一些配饰。

二、小葫芦带来大财富——聊城葫芦工艺

聊城是个风景秀气、人杰地灵的地区,这里因为之前人们广泛蓄养蛐子,因此聊城雕刻葫芦(即东昌葫芦雕刻)也称蛐子葫芦。如果追根溯源的话,聊城的雕刻葫芦技艺早在明清时期就已经开始。这里的百姓手法精巧,不断地独立创新,才能使得聊城葫芦工艺发扬光大。

葫芦的制作成本不高，但是在上面刻画需要花费大量的时间和精力，而且现在刻画葫芦技艺精湛的师傅比较少，所以价格比较昂贵。改革开放以来，人们开始不断地创新，还把葫芦改造成各种形状的。

东昌葫芦雕刻用料多以"大葫芦""亚腰葫芦"和"扁圆葫芦"为主，分为三种：一是"上等葫芦"。选料精良，精雕细刻，图案主要是人物、山水。二是"中等葫芦"。用料稍次，多刻花鸟、鱼虫、走兽。三是"花葫芦"。将葫芦染成红色后，以粗犷遒劲的刀法，刻各类花纹。很多古典名著都被雕刻在葫芦上，如《红楼梦》中刘姥姥进大观园、宝玉和黛玉一起读西厢记等场景；《西游记》中的诸多名场面都被雕刻在葫芦上。这些无一不体现出东昌葫芦的美和文化。

聊城东昌葫芦发展如此迅速，其葫芦里究竟卖得啥"灵丹妙药"？答案是"技艺和文化"。

聊城是一座文化之城，坐落于山东省西部，这座城市历史悠久，早在 6000 年前这里的人民就创造了运河文化、红色文化等。农耕文明和黄河文化在这里交相辉映，古时候的聊城百姓安居乐业，人们的生活水平相对较高。我们知道中国著名的经典著作《水浒传》等书中，都有提及聊城，可见在历史上聊城多么重要。重要的历史地位就孕育了厚重的历史文化，刻葫芦就是其中之一。人们通常在上面刻经典名著里的人物如林黛玉、贾宝玉,还有刻画才子佳人等。后人纷纷效仿,形成一大批工艺匠人,传至今日,就成为聊城特有的一种文化特征和文化见证,深受老百姓喜爱。葫芦种植和销售给当地农户带来其他传统农作物所不能企及的经济效益。近年来,在党中央的号召下,为打赢脱贫攻坚战,东昌府区政府带领老百姓加大了葫芦种植力度,同时培养更多刻葫芦匠人,带领聊城人民走上幸福的道路。

早在多年前,聊城市政府就计划建设葫芦博物馆,然后连续举办"葫芦文化节"。这一举动引得大家连连叫好,也取得了阶段性的成就。再加上互联网不断地发展,东昌葫芦快速走红于网络。这对当地的百姓来说可是福音,一方面,种植葫芦的百姓可以在不用担心葫芦销路的情况下"搭互联网的顺风车"加大种植力度,给自己的家庭带来收入的同时,聊城的经济也提了上来。另一方面这是一种文化的输出与输入,让更多人认识到聊城葫芦、聊城文化。借助这个机会,还可以打造特色的聊城葫芦文化旅游基地,发展旅游业!

第四章

守住专精特　我也能称王

第一节 别小瞧土特产,它是致富宝藏

土特产通常指各地的农副业产品和部分手工业产品。比起城市灵活多样的营销网络,乡村的土特产销售方式还比较单一。以往大部分的土特产经营者是在本地经营,他们把重点放在了本地顾客的购买力上,而忽视了更广阔的市场机会。但近几年,各地的特色旅游线路纷纷崛起,回归自然,关注乡村,使乡村的土特产逐渐被人关注,并逐渐形成了乡村振兴新的亮点。本地的特色产品如何推广到其他地方? 在各地发展特色土特产的同时,如何进行有效的营销,已经是一个迫切需要研究的课题。

土特产既有"土",又有"特"。所谓"土",可以理解为保持土特产的原有特色和自然风味,要做到这一点,就必须将土特产与当地的特色文化结合在一起,并体现在产品的包装和营销中。所谓"特",可以理解为土特产必须有独特性,

而且要求商家在营销的过程中,要创造独具魅力的品牌,这样才能让消费者记住,让土特产成为乡村致富的宝藏。

一、土特产营销过程中品牌建设的重要性

1.土特产的品牌建设

品牌建设,其实就是打造一个具有独特的、便于识别的标识符号,从而更好地体现产品的特点和价值,使人们更容易接受和关注。缺少营销的特色产品,往往是缺少自己的品牌,缺少品牌营销,是当下土特产营销的一大难题。没有自己的品牌,很难获得人们关注,进而降低公司的销售业绩,也会影响公司的长期发展。中国已有不少著名的特产品牌,如"老干妈""赣南脐橙"等。在以前,"老干妈"还只是一个小小的商标,它之所以能被称为一个神话,就是因为陶华碧的勤奋和努力,让"老干妈"这一品牌慢慢发展起来。这为今天中国土地上的土特产提供了启发:如果你努力,那么你就可以把它做成一个好的品牌。

品牌代表的不仅仅是产品质量、功能和造型,更重要的是心理消费。随着我国市场经济的快速发展,品牌效应已经渗透到生活的每一个角落。土特产作为一种稀缺产品,会因其稀有而彰显个性,成为一种时尚,再配上品牌,就会

成为一种高端时尚。

品质是品牌的根基,品质是品牌形成的基础。例如倚靠世界双遗产地的武夷山,土特产自身的优势就能凸显出来,加之对产品苛刻的挑剔精神,成就了产品的品质。武夷山茶叶就是一个最好的例证,生长在高山茶区,有肥沃土壤和湿润气候的滋润,500克精茶需要数千甚至上万颗茶青的制作。这就是品质的体现,从育种、栽培到制作均体现了精益求精的态度。

文化是品牌的灵魂。要想做大做强,就必须要有文化的支持,将文化融入品牌中,以文化来促进品牌的发展。如五夫镇通心白莲,其文化内涵的发掘,有三点:其一,通心白莲是由朱熹的家乡所孕育而成,具有深厚的文化底蕴。朱熹在《咏红白莲》中曾描述:"红白莲花共一塘,两种颜色一般香。宫娥梳洗争先后,半是浓妆半淡妆。"其次,白莲是一种无公害的产物,它具有丰富的营养和高品质的滋补成分;第三,从养生的角度来看,白莲还有补脾止泻、益肾固精、养心安神的功效。

2.土特产品牌的误区

因为市场格局土特产经营的门槛低、地域特征鲜明,在开放的市场格局下,当面临同类产品的激烈竞争时,如果缺少创新,地方的土特产常常陷于"价格战"和"低档化"的境地,沦为"无商标、无包装、无销路"的商品。这样的商品只能得到已有的消费者的欢迎,很难赢得更多的消费者的青睐;虽然可以作为礼物送给别人,却很难变成一种生活必需品,最终会让经营者的收入难以持续,影响土特产产业的长远发展。

3.品牌建设的重要性

(1)区别同类商品,抵御外来品牌

当地土特产的发展,需要加快塑造土特产品牌。只有赋予土特产以名牌,它的本质才能发生变化。以武夷山为代表的旅游景点,其土特产的销售对当地的发展起到了很大的推动作用。因为土特产品种丰富,又有外来产品流入,使得当地的土特产市场面临混乱的局势。就拿茶叶来说,大到公司、小到手工作坊,产品品质不一、以次充好的情况屡见不鲜,如果是食物,那安全问题就值得注意了。与此同时,外来商品有自己的品牌,对当地企业的经营就会造成巨大的压力,尤其是在同类型的产品中,更是出现了激烈的竞争。在这种情况下,要想有效地抵抗外来品牌的影响,就必须要加速推进自己的品牌建设。

(2)提升产品竞争力,实现利润最大化

如果只凭土特产自身产品的力量,还不足以参与国际和国内市场的激烈角逐,那就必须要强化品牌的实力建设,树立良好的品牌形象,提升品牌意识。唯有如此,企业和产品可以走出去进行竞争。而当一个好的品牌被顾客认同后,这个"土"就会真正变成产品的核心能力,经过一个品牌的精心诠释,创造出土特产的高端发展之路,既可以解决市场上的问题,又能给企业创造可观的利润。

(3)规范企业生产治理

土特产加工业是土特产供应链的中间媒介,它是零售商与顾客的纽带,在当地的农产品的生产与营销中扮演着一个非常关键的角色,要规范企业生产的各环节,保证产品质量,维护好自己的品牌和形象。

(4)满足消费者需求

随着旅游行业的发展,特色产品也越来越多,到景区去采购当地的土特产也逐渐形成了一种消费习惯。同时,消费者对于品牌商品的选择越来越重视,他们相信品牌商品代表着健康、安全,甚至购买品牌商品就成为身份的标志。作为一种新的消费趋势,做好土特产品,维护好土特产品的品牌,对土特产的产业化发展将会起到促进作用。

二、如何建立品牌

虽说每个行业的工作都很艰苦,可是农业工作者比其他行业更加的艰苦。做生产的,常年在田地中流汗;而做销售的,还要四处奔波,去寻找好的销路。然而,即使这样,农业人还是很难将自己的农产品转化为一种商品,使其最大限度地发挥最大的价值。

值得注意的是,近几年来,在农产品市场上逐渐形成了一种共识:发展品牌农产品,使之获得"超级利润"。同时,更多的农业人也在大力推行农业品牌建设,大力推动现代农业规模化、机械化、信息化、标准化发展,大力培育品牌、推介品牌、社会宣传品牌,努力打造一批有影响力、有文化内涵的农业品牌,向品牌要效益。

建立品牌有哪些途径呢?

1.抢先注册商标

农产品品牌策略的首要任务是发现、挖掘资源。把产地、类别、资源"企业化",把源于原产地、产品类别、打出自己的品牌,成为原产地和类别的代表。抢先注册商标这些资源是建立一个具有战略意义的农业品牌的基础,而这一点与工业品品牌有着很大的区别。

2.以快制胜做龙头

做品牌,就要抢做龙头品牌。如果你不是龙头,就要寻找能够做龙头的行业或者品类市场。一个行业一个品类只能有一个龙头,龙头的资源越来越少,企业家们应该有责任感和紧迫感。做龙头,就是要以品牌占位,以传播称王!

3.用文化塑造提升品牌

饮食是文化的载体,而文化影响着饮食。农产品从田间地头到厨房的餐桌,要想卖得更多、更好、更长久,就必须借助文化的力量,让自己的品牌变得更有价值。因此,挖掘、创造、提炼和传播有关食物的文化价值,是建立一个品牌所必须的。与农产品有关的文化资源主要有消费者认知、消费习惯和饮食习惯,例如食品观念、口味方法,例如南甜北咸、中辣西酸等,以及人文、历史等。

4.内在品质差异化、外在化

面对高度均质类产品怎么办?将内在品质差异化、外在化!

(1)从栽培方法、品种改进等方面着手,生产出不同的产品

一些特殊的品种,会有一些与众不同的特征,这也是为什么这种地方的特色受到消费者的青睐,并被人们津津乐道。营销人员要善于把这些商品的差异和品牌联系起来,并把它们作为自己的特色,就像商标那样,作为消费者识别品牌的基础。

新西兰引进中国的猕猴桃,将原本酸度较高的绿色果肉猕猴桃进行了改进,开发出了一种带有淡黄色果肉的甜

度较高的新品种"黄金奇异果"。佳沛在2012年占据了28%的全球市场份额,大大超出了他的家乡中国。

(2)发掘精粹的产品与品牌的差异性价值,并将其展示与传播

农业市场本质上是一个高度同质化的市场,这就是所谓的"高度均质"。假如产品本身没有足够的差异性,那就必须努力发掘,在产品与品牌价值上创造差异。

北京平谷盛产桃子,挖掘桃子自身的寓意,用简单的技术将桃子变成了寿星,每颗桃子都能按售价100元卖出。

5.外在形象品质差异化、外在化

人靠衣装,佛靠金装。要使产品与商标之间的外部形象差异化,通过外部形象来体现和提高内部的价值,也就是将内部品质外化,外部形象品质化,差异化,从而形成品牌形象和产品形象。

主要有以下手段:

(1)创意建立品牌识别符号。

(2)选准品牌代言人,做正确的广告。

(3)好包装彰显价值和差异。

(4)利用新型产业模式创造差异,利用终端设计塑造形象。

6.创建领先或者独特的标准,引领行业

这里说的标准分为两种。一种标准是国家标准体系,另一种标准是消费者评判标准。

在某一行业中,建立一个领先的或独特的行业标准,引领行业发展,甚至制定国家标准,让竞争对手成为跟风者、仿冒者,或者给消费者一个主观的评价标准,为消费者的决策提供依据,这是一条在农产品中抢占市场、争做龙头和品牌行之有效的法则。

在一定程度上,知识产权要比知识更重要,技术标准要高于技术,在消费者心目中的标准要高于现实。有了这个标准,他们就有了说话的能力,也就有了更大的优势。

如果你是一个创业革新者,那就大胆创新,想出一个独特的标准,大张旗鼓地宣传这个标准,让顾客对这个标准有一个清晰的认识。

7.杂交创新

许多涉农企业第一次踏入高度竞争的现代市场,做品牌更是第一次,他们有的营销观念模式陈旧,有的完全从零做起,没有成熟的模式和经验,因此特别需要杂交创新。

杂交创新就是指大胆借鉴、叠加、互补和融合其他行业的优秀思想、资源、技术、模式和方法,从而催生出全新的产业、品类(产品)或者营销思路,获得竞争优势,实现突破。

杂交创新的两大类型：

第一种是跨产业的互动、借鉴和合作。比如獐子岛海参通过高端酒水渠道实现双赢，淳牌有机鱼和酒店的合作，也是一种独特的销售模式。

第二种是把各个产业中的市场因素结合起来，利用这些因素对我们的产品和其他市场因素进行改造，让它们发生变化，产生一种乘数倍数的效果。像雅克V9、果维康VC，都是功能性食物和保健性食物。杂交变异产物与原先有很大不同，表现出较强的基因优势；例如哈根达斯入乡随俗，发明了"月饼冰淇淋"；就拿湛江国联水产来说，中国首款速冻食品"水煮虾"，就是从国外的知名厨师那里学习的。对于不懂烹饪的人来说，只要将"水煮虾"放入平底锅中煮上5分钟，即可享用犹如高级厨师烹饪的美食。

8.深加工，让产品彻底与众不同

农产品市场本来就是一个同质化的市场，普通商品的价值和附加值都很低，而新鲜的食物，就更容易被同质化。一般情况下，这种产品在市面上只能靠价格说话，但最终都没能卖出一个好价钱。如何处理，将产品进行再加工，改变原有的产品，大幅提高产品的附加价值，让原本一模一样的产品，变得完全不同。

农产品品牌的难度和生产深度成反比关系，也就是说，随着生产水平的提高,品牌的生产难度会下降,反之,品牌也会随之下降。冷鲜肉很难成为品牌,但是将新鲜的肉类加工成火腿肠,就比较容易了;同样,蔬菜水果想要做好品牌也很困难,而蔬菜水果罐头、果蔬片经过深度加工后,做个品牌就比较简单了。这倒是真的,火腿肠的牌子比冷鲜肉要早,而果蔬罐头的牌子也早就出现了。

产品的深加工,就是产品的差异化和增值。经过深加工后,食品的食用方便、卫生、易于储存、便于运输,这些都为消费者的需要提供了一个卖点。

比如,每千克新鲜辣椒的售价是1.2元左右;晾晒后,每千克5元左右;用1千克的干椒做辣椒酱,在市面上最贵的也就卖10元。同样的辣椒,经过深度处理后,却有了一个惊人的发现:每千克的辣椒中,可以提炼出40克辣椒色素、10克辣椒精、60克辣椒籽油,还可以提炼辣椒碱,剩下的可以磨辣椒粉、辣椒面等,废料作为饲料。这样一千克的干椒,可以卖到35元,是普通辣椒的7倍!

三、网络试用营销对土特产品牌建设的推进

在进行土特产品牌建设的同时,如何进行有效的宣传,是一个现实的问题。产品试用是一种很常用的方式,也是

一种很好的宣传方式,很多人都会收到一些试用产品。而网上销售模式作为一个崭新的营销平台和互动消费方式,如果将"土得掉渣"的当地特产与"全新体验"相结合,将会产生怎样的活力呢?

1.通过试用的方式,扩展客户群体

由于对产品的不了解,使得部分顾客对于购买当地商品产生了天然的抗拒心理,如果能让顾客与商家面对面,顾客们先试用一下,然后再去买。而且,试用的方式不会给消费者带来经济上和心理上的负担,也可以对试用营销方式和顾客的体验进行宣传。

2.通过试用的方式,提高品牌知名度

网络销售与一般的市场销售不同的是,消费者可以在网上购买商品,而不需要自己跑一趟。网络试用营销能够促进消费者的体验和互动,激励着原本不想去体验的新顾客去尝试并接受。由于可以多次尝试,可以让消费者与此商品有多次的体验,也能促进消费者了解产品品牌和相关产品的情况,有助于公司拓展新的顾客和提升自己的品牌。

3.通过试用营销,帮助企业精确定位市场

试用营销对于一个刚刚起步不久的以土特产生产销售为主的企业来说,既可以为用户创造一种免费的体验和价值,也可以作为一种新的、准确的、高效的营销工具去运用。

试用的结果可以使企业得到最直观、最真实的用户反馈,而这是厂商最客观、最真实的信息资源。在此基础上,厂商能了解到目标顾客的年龄分布、教育程度、收入状况、消费水平等详细而有效的信息,从而为公司未来的营销和广告投放提供准确的市场定位。

4.通过试用营销,促进产品设计改良

企业可以通过客户的评价,发现一些有价值的信息,从而提高产品的设计水平,缩短产品的设计时间,为新产品的研发提供新的思路,为打造具有独特风味的特色品牌体系提供更加强有力的支撑。

5.通过试用营销,让更多人关注土特产品牌

人们在体验过免费商品后,会在相关的论坛上交换自己的体验和感受,这不仅可以帮助商家推广土特产,还可以促进人们对乡村的了解。从土特产的试用,到乡村文化、自然风光、旅游线路,都可以成为与土特产相关的品牌推广策略,让土特产的品牌更有文化底蕴,也让更多的人关注土特产品牌。

四、土特产网络营销的发展对策

1.加强网络平台建设

土特产生产企业要树立和加强网上销售理念,大力推行"互联网+"战略,把传统的和网上的销售方式有机地结合起来。只有打破传统的思维模式,充分发挥互联网的时空和即时交互的优势,为广大消费者提供全面、及时、快捷的土特产经营和销售信息,以便于消费者购买,并不断拓展土特产的市场空间,为企业创造更好效益。企业可以根据自己的实际情况,选择加入第三方的网上交易平台,或者建立自己的网上交易平台。要重视对电子商务人员的引进与培训,使其成为不断发展的坚实基础。

2.保障网络支付安全

网络支付的安全问题主要有:数据被盗用、伪造、假冒、未授权用户访问互联网信息、网络支付系统不稳定等。在技术上,要采取多种保密技术,如网络控制、数字加密、数字签名、防火墙等,交叉运行,不断创新;在管理上,由于网络支付涉及很多行业和组织,因此很容易产生混乱。在线支付是一个集购物流程、支付工具、安全技术、认证、信用以及现有的金融体系于一身的大型综合性系统。所以,必须建立一个统一、先进的管理体系和标准。最后,强化对网络银行、第三方支付等相关机构的监管,以规范市场主体的行为。

3.积极推广网络营销渠道

消费者对当地特产网上销售渠道的了解,是影响消费者购买土特产的主要原因之一。不管是何种土特产的生产者,要把自己的产品推向更大的市场,就必须掌握互联网的优势,走出当地,走向全国,走向全球。可以通过微信公众平台,开通官方微博账号,制作广告链接,网页弹窗,赞助线上线下促销活动,增强用户对土特产的认知和记忆。目前,我国手机用户已占全国用户总数的90%,因此,各大公司应该更加重视手机移动终端的市场推广。可以通过美团,淘宝、天猫、1号店、唯品会等移动端的推广方式,也可以通过与这些平台的合作来实现更好的广告效果。

4.深入开展品牌化经营

要实现土特产的品牌化,必须建立相应的标准与体系,以保证其品质,实现原料、生产、工艺、包装、储藏等环节的标准化、规范化。积极进行产品质量认证,并争取通过ISO9001、ISO14000等多项产品的质量管理和安全管理体系的认可。其次,要加强品牌建设,确立自己的品牌定位,树立自己的品牌形象,保持自己的品牌信誉,不断地积累自己的品牌资产,为自己的特色产品打下坚实的基础。景德镇的瓷器,湖南的湘绣,北京的烤鸭,都代表着本地的土产,而这些土产的名牌已经在深厚的历史文化中沉淀下来。

挖掘乡土特色商品的原产地价值,树立其品牌形象,是实现本土特色商品品牌化的一项重要措施。与此同时,在同一地区乃至不同地区,同类型的土特产要想在市场上脱颖而出,就必须运用现代的创意思维,创造属于自己的特色产品。我们可以从"三只松鼠"的品牌中获得成功。"三只松鼠"在成立仅四个月的时间里,就在天猫的双十一活动日销售额突破了800多万元,并且在预定的时间内,完成了十万份订单,这是一种高效的网络营销,这与"三只松鼠"的品牌营销息息相关。

5.完善物流配送体系

在土特产网上销售中,物流起到了联系买方和卖方不可缺少的桥梁作用。要强化物流基础设施,协调区域、城市、乡村之间的物流资源,实现物流的精细化、系统化、规模化、程序化、节约成本、提高运输效率。此外,农资企业还应选择与诚实守信、条件完备的物流公司进行合作,以防止因配送不及时、送货地址错误、货物损坏等原因造成的退货问题和差评。若企业有实力、资源等条件,可自行构建自己的物流与运输体系,实现对物流的全面控制,预防并解决物流过程中的问题与风险。

6.加强土特产品的品牌建设

首先,要提高土特产经营者的品牌意识,充分认识到品牌在经营与竞争中的重要地位,转变传统的市场营销理念,积极创造品牌,耐心、细心地培育。其次,要通过"商标"来提高当地特产品牌的知名度和影响力,并及时进行商标注册。最后,在土特产的品牌建设中,要将当地的人文、地理、地域的风土气息,传达给消费者的独特的品牌讯息,才能让人记住、辨识,进而塑造出土特产的品牌个性。

第二节　自然灾害我不怕，科学种植来护航

中国是全球自然灾害最多的大国之一，其类型多样、频繁、分布广泛、危害极大。

经过多年与自然灾害的抗灾实践，国家各级政府在灾害治理与救援方面取得了较好的成绩，制定了一系列的政策，并已基本形成了对自然灾害的治理与救援工作机制。

一、自然灾害

古希腊一位哲学家曾说过："人类一般的活动是在灾害和危机当中度过的。"

由于我国特殊的地理气候环境、社会经济发展条件，农作物自然灾害具有以下几个特点：

第一，气象灾害。我国是受季风影响较大的地区，由于

季风气候的不稳定性,使我国寒、暖干湿变化幅度较大。年降水量分布不均,年际变化幅度大,干旱频次高、范围广、强度大;暴雨、洪水也是常有的事。

第二,生物灾害。农作物病、虫、草、鼠害,水体有害生物集中爆发等。

二、自然灾害对农作物种植的影响及应对措施

1.气象灾害对农作物生产的影响

(1)冷冻霜冻

冷冻霜冻灾害是在寒潮影响下,室外气温急剧降低,从而影响到农作物的正常生长温湿度,一般发生时昼夜间温差会比较大,一旦夜间温度太低,达不到农作物在夜间生长发育的温度条件,农作物的出苗与生长都会受到影响,情况严重时甚至会造成作物的出苗时间推迟,甚至死亡,迫使农民不得不重新开始种植,扰乱整体农作物的生长周期,减产很常见。冷冻霜冻灾害的发生有着很明显的区域特点,常见于我国东北地区的春秋冬季节,其中春季冷冻霜冻灾害对农作物的危害性最大。

(2)洪涝

当某个区域短时间内出现大量降水,或者发生持续性

的大范围降水,积聚在农田中的雨水无法及时排除,又或者当地河水发生暴涨,堤坝溃毁,都可能会引起洪涝灾害。洪涝灾害发生时农田出现积水会造成作物减产,严重时甚至会引起绝收,这是当前我国对农作物产量影响最大的气象灾害之一。一般来说,洪水灾害、雨涝灾害都属于洪涝灾害,并且洪涝灾害多发生在夏季多雨季节。

(3)干旱

当降水稀少,土地大量失水,出现龟裂现象时,就属于干旱灾害。干旱灾害发生时,农作物无法通过根系从土壤中汲取水分,无法满足作物生长水分条件,作物生长发育无法正常进行,可能导致其死亡。干旱灾害是我国对农作物产量影响最大的一种气象灾害,会引起大面积的作物减收,甚至直接颗粒无收。

(4)雹灾

冰雹灾害是由强大的对流天气系统引起的严重天气灾害,其出现在相对较小的范围内,持续时间不长,但经常伴有强风和冰雹出现,它造成的灾害强度之大可能成为一种破坏性和致命性的气象过程。但是,这种天气灾害经常伴有冰雹云,而冰雹云是非常强的积雨云,只有在冰雹云形成非常充沛的水气情况下,冰雹云才能降冰雹,冰雹从强对流云层降到地面进而对植物、牲畜和农业设施造成损害和破坏。

2.气象灾害的防御措施

（1）加强农业基础设施建设,提升抗灾减灾能力

提升农业生产抗灾减灾能力还需要不断提升农作物综合生产能力,通过开展田间工程建设、引导农民采用节水灌溉、温室大棚等形式来有效保障粮农作物生产安全,切实提升农业气象灾害的防御能力。

（2）加强田间管理,有效防灾减灾

一是冷冻霜冻天气状况的田间管理措施。要强化霜冻预报及应用,为农作物对于霜冻的防御提供可靠依据。在霜冻到来之前,要科学指导农民开展农作物管理,采取农作物增加农膜等覆盖物、农田释放人造烟雾等措施,增温防冻。组织农户加固棚架等农业设施,做好设施大棚保温工作。

二是洪涝天气状况的田间管理措施。针对大量以及大范围降水,需要加强气象监测和预报预警服务。在强降水来临之前,应及时发布预报预警,使农户能够在较短时间内防御涝灾;降水过后需要及时排水松土,降低田间湿度,科学追肥,加强病虫害防治,尽可能减少暴雨、连阴雨天气给农作物生长带来的不利影响和损失。

三是高温干旱天气状况的田间管理措施。针对高温干

旱灾害,种植户可运用滴灌、喷灌等新型的节水灌溉技术,尽可能缓解干旱用水紧张的问题,确保农作物生长所需水分。此外,应密切监测天气变化,适时开展人工增雨作业,从而有效缓解农作物生长期出现的旱情。

四是冰雹天气状况的田间管理措施。针对冰雹灾害,应不断强化天气系统的监测,提升冰雹预报预警,使农户可以及时防御;在雹灾过后,应科学追肥,增强农作物抗逆性。还应加大对人工防雹技术的研究,适时开展人工防雹作业,降低雹灾对农作物的危害性。

3. 加强病虫害防治工作

由于受多种因素影响,导致了害虫的发生,随着生态环境的恶化,害虫不但品种增多,而且传播的速度也加快了。不科学地使用农药还会加剧害虫的滋生,增加了害虫控制费用,还增加了控制工作的难度。

农户在从事农业生产的时候,对病虫害的相关知识缺乏充分的理解,而且在防治上有一些盲目性,忽视了对病虫害的预防,往往是发现问题后才进行紧急处理,而且对病虫害的生物控制和物理控制方法的认识相对薄弱,通常以化学控制为控制害虫的主要方法。此外,由于农民在使用杀虫剂的时候没有掌握好用量,导致了大量费用的投入和引发一些生态环境污染问题。

除喷施农药以外,当前农民普遍采用的防虫措施是除草,但收效甚微,对防止害虫发生的作用不大。我国目前普遍使用杀虫剂,导致害虫的耐药性日益增强,而且防治难度也日益加大。许多农民在遇到上述问题时,往往采取加大化肥使用的方式,加大化肥的使用,不但使杀虫剂的残留量减少,而且使害虫更加耐受,从而形成了一个恶性循环。

(1)植物检疫

植物检疫是国家制定的条例法令,设置相应机构,对国外输入、国内输入及国内各地区运输的树苗、农作物种子、农副产品开展检疫,限制危害性草、病、虫的出入,禁止传播,对其他蔓延扩展地区预防的保护植物方法。在植物检疫中,需检验植物及产品经销、调运及生产全过程工作,严格执行检疫方案,通过疫情铲除、调运检疫、产地检疫等方式,封锁疫病在一定范围内,或是将其彻底铲除,以免蔓延扩散。

产生病虫害后,需立即采取措施将其消灭。检疫步骤如下:一是调查研究,对病虫种类、危害程度、波及范围加以调查,确定检疫目标,制定检疫方法。二是确定疫区,以调查方式将检疫产生目标地区确定为疫区,未出现检疫目标地区为保护区。三是采取方案,疫区确定后开展植物检疫,禁止目标进入保护区。四是检验处理,检验无检疫目标即可放行,发现检疫目标则根据情况将其销毁或退回。

（2）农业防治

在农业防治中,不仅需要采取科学的防治方式,还要培育出更多抗病虫害品种,将农作物自身作用发挥出来,因此,研发周期较长。种植人员需结合地方气候、农作物品种、以往种植经验等确定危险性高、发生概率大的病虫害,开展针对性培育,选择抗性强、产量高的植株培育新品种,注重品种适应本地环境气候能力,达到防治病虫害的效果。

（3）生物防治

病虫害的生物控制技术是当前农作物害虫控制技术的一个主要发展领域,也是当前最适合于现代农业可持续发展的一种控制方法。当前生物控制的方法包括:保护利用昆虫的天敌、昆虫性信息素和不育的利用、生物农药的应用、拮抗微生物和有害生物的利用、转基因技术的抗虫、抗疾病等。病虫害生物控制的核心是通过大自然自身的生态系统来控制害虫,以现在的科技水准,生物控制的效率虽低,但却能持久。

①蜘蛛、螨类。蜘蛛拥有捕食性能,是诸多害虫的天敌,可结合蜘蛛捕食特性,将蜘蛛划分为游猎型、结网型。游猎型蜘蛛是在地面、水面上捕食昆虫;结网型蜘蛛是采取结网方式,诱捕飞行的小型昆虫。在生物防治中,可引入蜘

蛛捕食害虫。在农作物种植中可引入绥螨类与长须螨类生物,能够抑制害虫,通过人工饲养螨类生物模式,可防治生物病虫害。

②禽类。农村鸡鸭属于常见禽类,种植环境允许下,可在农田中放养鸡鸭用于消灭农田害虫。例如,水稻田内放养鸭子,鸭子能够捕食水稻的害虫、飞虱等。果园也可养殖鸡鸭,捕食树木的金龟甲。它们具有良好的害虫捕杀能力。

③蛙类。蛙类是害虫的天敌,以蟾蜍、青蛙为主,食物主要来源为昆虫。泽蛙通常生活在水中,每日捕食各种昆虫,捕食数量超过200只/天。诸多地区利用蛙类捕食害虫,特别是农作物绿色病虫害防控下,农业开始养殖蛙类,作为防治病虫害的重要方式。

④菌类。种植人员可利用有益微生物实现病虫害防治,有细菌杀虫剂、真菌杀虫剂、病毒杀虫剂;或是利用微生物代谢产物防治,有春雷霉素、静冈霉素、放线酮、多抗霉素、庆丰霉素等。还可利用昆虫激素防治病虫害,有内激素与外激素。

(4)物理防治

在中国,病虫害的物理控制系统相对完整和成熟,并在实际工作中不断地累积和发展。物理方式的控制措施,就是利用多种物理因子,对影响庄稼的正常生长过程中的各种病虫害进行控制,比如:用药物浸泡、晒种、毒饵诱杀病虫害、烧土消毒、用银灰色的薄膜来控制害虫。物理控制害虫的优点是:作业简单,对作物无害,对农田的环境损害少。

①趋性诱杀。灯光诱杀,可利用黑光灯将甘蓝夜蛾、烟青虫、棉铃虫诱杀,推广频振式杀虫灯,消灭害虫;趋化性诱杀,根据害虫对部分化学物质趋性诱杀,可利用醋、酒、糖等诱杀小地老虎、斜纹夜蛾、甘蓝夜蛾等,杨柳枝诱杀斜纹夜蛾、棉铃虫等,泡桐树叶诱杀蜗牛、小地老虎等;色板诱杀,黄色板可诱杀实蝇、温室白粉虱、蚜虫,将其悬挂于大棚内或田间,能够诱杀害虫。

②机械防治。人员可将病虫株拔出,摘除受到病虫侵害的果实、叶片等,铲除杂草,捕杀害虫,或以机械阻隔方式防治病虫害,如灯蛾、斜纹夜蛾产卵成块,幼虫孵出后对农作物危害性较大,可人工将卵块摘除。还可利用遮阳网、防虫网等覆盖农作物,避免害虫进入网室产卵,对农作物造成危害,这不仅可防治害虫,还能达到防强光、防寒、防高温作用,促进农作物生长。

③控制温度。采取温汤浸种,或是干热处理能够杀死附着于种子表面的病菌。温室大棚内种植蔬菜,长期处于高温闷棚,能够控制不耐高温病害,如黄瓜霜霉病等。

(5)化学防治

病虫害的化学防治方式主要是利用化学药物防治病虫害,对大部分的害虫都有很好的控制作用,而且往往起到了立竿见影的作用。常规的农药控制方法主要是通过药剂控制,但这只是暂时的,随着时间的推移,害虫的种类会发生改变,害虫的耐药性会越来越强,而且还会产生新的害虫。另外,用化学农药来控制害虫,很可能会对农田造成污染,生产出来的农作物也会有问题。所以,采取化学农药的方法来控制害虫的发生,必须加强控制,防止人为滥用化学药品对生态环境造成损害。必须选择无公害、无污染的农药,把握喷药时机与方法,提高防治效果。

三、农作物科学种植与病虫害防治技术

在农业生产中,合理的耕作技术和防治对提高农作物的生长发育具有十分重大的作用。科学种植对农业的发展起到了重要的推动作用,通过现代化的信息流,将适宜的、准确的信息抽取出来,并将其与以往的栽培技术相融合,从而达到标准化和现代化的目的。病虫害的控制对于植物的生长发育有着很大的影响,因此,在控制害虫的过程中,既要注重技术手段的改进,又要应用生物技术,要对症下药,

要根据具体的情况进行综合分析,才能从源头上控制害虫的产生和伤害。

1.农作物科学种植方法

(1)品种选择

在农业生产中,农作物品种选择是重要的一个环节。种子是农作物生长的初级阶段,种子质量对于农作物质量具有直接影响。所以,种植人员选择品种,应结合各地区的不同情况,温度较低区域不适宜生长周期长的农作物,地区降水量少则需要选择强抗旱能力的农作物等。

(2)种子处理

在农作物种植中,为避免种子遭受病虫害侵蚀,可采取种子包衣技术,提高种子保护效果。种子包衣是将种衣剂包裹于种子表面进行治虫、防病,促进种子生长,根据作物品种与种衣剂有效成分选择型号,根据说明书配制比例,采取塑料袋包衣方法,准备同等大小塑料袋套在一起后,称取相应比例种衣剂与种子装入塑料袋,双手翻动,均匀搅拌倒入其他袋内用于播种。注意种衣剂需存放于阴凉地方,禁止和食品、粮食共同存放,搬运中禁止吃东西、吸烟,搅拌中必须穿戴好乳胶手套、口罩及工作服,以免种衣剂和皮肤接触,完成操作后立即脱下防护用具。

（3）轮作整地

轮作是指在同一块田地上，根据顺序在不同年份、季节轮换种植不同农作物。种植农作物时选择轮作整地方式，能够利用不同农作物特点实现互利互补，做到养地与用地相结合，保持土地肥力的同时，减少发生病虫害。不间断地在相同田地上种植同种农作物，不仅会消耗土壤肥力，也会积累病虫害，使其在田间不断繁殖，长时间后农作物遭受病虫害侵袭概率增加，质量和产量降低，经济损失扩大。因此，农作物种植可采取轮作种植方式，比如浅根类蔬菜与深根类蔬菜、非豆科蔬菜和豆科蔬菜轮作，其对养分要求差异较大且不易产生相同病虫害，能够将土壤养分充分利用，改良土壤结构，提高农作物品质。

（4）播种时间

在农作物种植中，确定播种时间作为关键环节，科学的播种时间，可降低发生病虫害概率，促进农作物稳定、健康地生长。在此过程中，种植人员需根据农作物品种、种植区条件、气候等确定，特别是一年种植两轮农作物的地区，更需要种植人员对播种时间合理规划。在此过程中，种植人员还需注意每年温度的变化，应结合当时天气情况对播种方案进行调整，以此减少气候变化对农作物种植的影响。

（5）合理播种

为保证农作物种植合理科学，需做好播种量规划工作。当地如果土壤营养丰富、环境良好，种子成活率高，可适当播种；如果土壤环境较差，难以为种子成长发育提供生长最佳条件，需适当加大种子播种量，确保种子能够成活。同时，还要注意种子密植情况与整体农作物产量的关系，过于稀疏种植会浪费土壤资源，造成农作物叶面指数小，缺乏截光能力，限制光合作用；而过于紧密种植会造成农作物缺乏营养成分，产生发育不良的情况。因此，农作物种植需做到合理密植、科学规划，发挥土壤、水肥、光照的价值与作用，为农作物提供最佳生长环境。

（6）田间管理

农作物种植的田间管理作用重大。田间管理合理科学，可为农作物生长提供必要的营养物质、水分等，减少田间不利因素，促进农作物健康成长，降低发生病虫害概率。在此过程中，种植人员需注意农作物不同对于营养物质需求也具有差异性，需结合农作物生长阶段、种类补充肥料。例如，在水稻种植中，生长发育对钾肥需求较多，钾元素能够增强水稻抵抗胡麻斑病能力；灌溉时需控制浇水时间与水量，浇水过量，会造成农作物根系腐坏，浇水过少，则会导致植物缺水不利于农作物生长。还要合理选择灌溉时间，通常为傍晚或清晨,此时阳光微弱、温度较低,能够避开高温和强光。

一般降雨多集中于夏季,种植人员需对田间情况、天气变化时刻关注,做好准备工作,以免产生涝灾,降低经济损失。地区地势低洼,还要提前设置排水系统,或是挖掘排水渠。种植人员需定期进行田间松土,保证土壤内营养物、空气、水分分布均匀。做好田间除草工作,由于田地营养充足杂草生存能力强,会出现杂草与农作物争夺营养的情况,降低农作物质量和产量。现阶段,常用除草方式有药物除草、机械除草与人工除草,种植人员需加强中间关注度,及时发现,根除杂草。

2.提升科学种植技术

(1)地膜覆盖技术

该技术是农作物种植过程中应用十分普遍的技术,特别是在北方,冬天的气温很低,春天的时候土壤会结冰,在播种的时候,气温太低,会影响到作物的生长,所以地膜可以起到保温的效果,提高土壤的温度,避免种子受到低温的伤害。同时,由于北方气候较为干旱,特别是冬季和春季,土壤湿度较低,降水较少,采用地膜覆盖可以延缓土壤水分的蒸发,增加土壤含水率,从而促进种子发芽。

（2）大棚种植技术

由于科学技术的发展，许多现代农业技术的运用为农作物的生产带来了极大的方便。大棚是一种非常普遍的农业技术，它的技术也在不断地发展和创新，在农业生产中，大棚是非常普遍的，它的应用领域包括蔬菜、水果、花卉、树木等。这项技术的运用，让我们可以不受季节限制地享用各种时令作物，例如冬天有西瓜，夏天有卷心菜。现在水果、蔬菜等基本可以做到四季不变。由于大棚种植技术可以通过人工控制光照时间、温度、湿度等因素来控制，从而使反季节蔬菜的生长得以顺利进行。同时，这一技术可以方便地促进作物的多熟，提高农业生产的经济效益。

（3）无土栽培技术

近年来，无土栽培技术已逐步推广使用。此项技术的应用，可以有效地解决土壤和作物品种之间的矛盾，最大限度地满足了不同作物对土地的需要，使土地得到了充分的利用，使作物的种植面积得到了极大的改善。由于此技术通常采用不同的容器进行育苗，再进行种植，因此，施用营养物质等添加剂，对土壤没有不良影响，可以降低病虫害的发生。

3.科学理论指导，高效化产出

科学种植，是遵循自然与经济的法则，通过合理的耕作，提高了产量，稳定了产量，提高了农产品的质量，降低了成本。同时,生态养殖对生态系统的影响也不大,而且对生态系统的健康发展起到了积极作用。农业生产的主要目的是改良土壤,培育优良的农作物品种,提高农业技术,改进农业机械设备,合理施用肥料和杀虫剂,以此提高农业生产的科技含量,取得最佳的经济效益。

实行科学种植有以下几种意义:

严格遵循植物的生长发育规律,尽量消灭植株的病虫的生长,使植株苗壮,达到最高的生产效益;同时,因病虫害的减少,可以保证作物的免疫力,从而提高作物的质量。最大限度地增加了粮食的品质,增强了市场竞争能力。

科学种植使得农业投入最优化,通过合理的耕作,可以最大限度地提高耕作的投资,即种子、水肥均处于最佳的生长状况。过去大量使用肥料,对生态环境造成了一定的影响,而杀虫剂使用不当则会导致农作物的致病性。科学栽培,虽然同样是为了获得最大的产出,但是它采用了一套科学的方法,并考虑到了光照、土壤和结果等因素,从而实现了对植物的合理利用。播种、定植等各个环节都要注意,适当的环境,不能太稀,也不能太密。而肥料的施用要做到科学,要做到对症下药,尽量减少药害。

科学栽培将繁复的栽培流程按重点分类,并加以最佳的加工。它的特点是"专药专治",努力用最小的劳动力创造最大的效益,节约了大量的劳动力。要防止以往的盲动,要在各个阶段采用多种经营管理方式。

4.科学种植经验借鉴

(1)创新种植方法,亩收10万多元

刘某是一位来自金华农业大学的基层技术人才,他先在某研究院做了几年的种植工作。从2017年起,刘某就决定前往辽宁自己种植草莓,他从日本引进了一些先进的草莓栽培技术。

在种植过程中,刘某研究出了不少的生态种植方式:高架栽植,由俯身采收变成了直立采收,既节省时间又节省人力,又能从空间得到增加栽植面积,每公顷可以增加三分之一的产量;通过蜜蜂传粉,提高了传粉均匀度,提高了产量和质量;使用滴灌技术可以有效地控制湿度和温度;采取蔬菜和水果的施肥方法,实行了"计划生育",一棵草莓通常结六七个果实,但这种草莓大而均匀,外观好;采用二氧化碳作为肥料,可以提高草莓的光合能力,提高产量。

据刘某介绍,在高架上栽种草莓的优点有三个:一是可以防止害虫和疾病,二是给植株带来更好的光照,三是可以有效地调节根系温度和水分,这是一般的栽植方式所不能相比的。其生产效率较常规耕作方式提高了三分之一,亩产收益超过了十万元。

(2)精细化管理,产量高于传统2倍之多

陕西唐某在2014年以前开货车,以跑运输挣钱。为了运送货物,唐某常常往返于山东、山西和陕西,一次意外的机会,他看到了山东地区的果树经营技术先进、科技发达。在多次的考察后,他下定决心,要学习乔化树的矮化管理,在自己的土地上种植了5亩的果树幼苗。

唐某自2014年以后5年内共种植300多亩的林地,从山东引入了我国的优良新品种,采用矮密度的方法,建立了一片短枝密植苹果示范园,并建立了水果种植农民专业合作社,实现了规模经营。

唐某的果树种植由于实行统一规划放线,统一苗木标准,统一规范栽植,统一培土管理,统一施有机生物肥料的科学管理模式,苹果质量逐年提高,果园年产量达40万千克,超过普通果园的2倍之多。

(3)傍上高科技,节约投入成本

四川农民冷某,在2019年以前,从事农活全凭老天爷,种植的收益始终不高。在2019年,他的合作社引进了一个大数据系统配置温室大棚,仅凭一个手机,就能实现13座大棚的经营管理。

现在,他在温室内安装了土壤感应器和温室外面的微型天气系统,可以实时获取光照、温度、湿度、风速、雨量等数据,并可以通过监控系统调节种植条件,实现灌溉施肥等功能。

这种方法也能减少人工和费用的增加。在此以前,他的13个大棚共种植了30多亩的蔬菜和鱼苗,每天都要6到8个工人浇水施肥;而通过大数据的应用,仅需一人一部手机即可完成,一年可以节省将近15万元的人工费用。再加上自动灌溉和施肥,可以节省30%的肥料和其他农业费用。

同时,因为受控制的生长条件,植物的根系生长更加旺盛,大部分的果子都是优质水果,花脸果、裂果现象极少见,平均亩产1~2吨。

在我们国家,农业在国民经济发展中占有重要地位,与人民生活息息相关。科技的发展使我们在农业生产方面取得了长足的进步。为保障我国的生态环境和可持续发展,必须不断地改进作物的科学栽培和病虫害防治工作。由于害虫具有各自的特性和危害,因此,在防治害虫时应注重技术手段的改进和利用,采用多种技术手段,并根据具体的情况进行分析,从源头上控制害虫的发生,同时注重控制的结果和最大限度地维护生态环境。在重视技术问题的同时,还要重视气候、温度等外界因素,加强品种选择,加强水肥的控制,加强各个方面的协作,以推动农业的可持续发展。

第三节　振兴农村产业,扩大经济效益

一、特色农业,致富的金钥匙

中国地广物丰、资源禀赋区域差异较大,依托优势资源发展特色农业,走差异化发展路径,是当前乡村振兴、产业振兴的重要举措。与传统大农业相比,特色农业的特点十分鲜明,除具有资源、产品优势特色外,多数还蕴含社会、文化、历史等特色元素,因此特色农业也具有功能多元、价值多重的突出特征。发展特色农业适应我国基本国情,对加快打造农业发展新动能、推进农业高质量发展具有重大现实意义。

发展特色农业是推动农民脱贫增收的现实途径。特色农业多集中在偏远和资源贫瘠的地区,这些地区也多是贫困落后地区。发展特色农业,有利于促进这些地区产业发

展,实现精准脱贫。

发展特色农业也是满足消费需求升级的重要举措。特色农产品的生产与开发,有利于满足国内持续增长的多元化、优质化农产品消费需求。

发展特色农业更是实现乡村振兴的重要途径。发展特色优势产业,有利于加速农村人才集聚、促进乡村文化传承、推动农业绿色发展、激发基层组织活力,协调推进五大振兴,实现全面振兴。

1.特色农业项目

(1)特色种植业

包括种植特种蔬菜、反季节蔬菜、特种粮食(比如小麦、香米、黑色玉米)等,这类产业在特色农业中较常见,也是最为普遍的形式。特色种植业具有较强的适应性,在许多地方都能根据当地的资源气候条件选择最具适应性的农作物进行生产。

(2)特色养殖业

包括养蜂、养鱼、养犬、养蛇、养蝴蝶等,这类特色农业对于技术的要求比较高,而且养殖期间要做到耐心、细致。

(3)特色林果业

这类特色农业通常适合在丘陵地带、土壤较贫瘠的地方发展,既能成片大面积地发展,也能实行庭院式经营。发展特色林果业可以在各地形成水果之乡,比如中国枇杷之乡、中国椪柑之乡、中国水蜜桃之乡。

(4)特色加工业

比如加工竹编、加工火腿、加工腊肉,继而形成竹编之乡、火腿之乡、腊肉之乡。发展这类特色农业需要大量的资金,属于工厂化农业,具体的加工企业大多都是农业产业化经营的龙头企业。

(5)观光休闲农业

观光休闲农业是近年来随着经济发展、人们生活水平提高、休闲时间和能力的增加而兴起的特色农业,包括生态旅游、农家乐、梨花节、桃花节等。这类新型的农业产业(农业的自然景观)对游客具有吸引力,适合在大中城市近郊区或交通便利的地方发展。

2.特色农业产业助推乡村振兴的渠道

(1)积极打造优质特色农产品

特色的农产品就像是每个地区的形象代言人,比如一提到葡萄我们便会想到吐鲁番,一提到灌汤包我们便想到天津,一提到豆瓣酱我们就容易想到郫县,等等这些农产品都是当地极具特色的品牌。我们要积极延伸农产品产业链,提高农产品附加值,实现农业产业化、智能化、优质化发展。

（2）充分树立品牌形象

所谓"品牌"，其本身承载的是消费者对其产品或服务的认可及依赖，它意味着其产品或服务本身具有标准化、规范化的特点。因此，要重视品牌化、产品绿色化营销策略的研究，加强产品包装，对农产品进行深加工，提高其附加值。龙眼深加工便是一个很好的例子，龙眼本身保存时间短，但如果把它加工成龙眼干，龙眼罐头等，就可以大大延长它的储藏时间，生产效益也会得到提升。

（3）大力扩展销售渠道

给农产品打上"互联网+"的翅膀，着重打造特色农产品的品牌、包装，拓宽销售渠道。确保健全完善市场服务体系，加快打造形成特色农产品市场营销体系，积极探索实施"互联网+"行动，加快推进电子商务进农村综合示范村建设，鼓励支持龙头企业、专业合作社、专业大户开办特色农产品销售网店。

（4）支持农业规模化经营

坚持以市场为导向，以农民管理为基础，依靠"龙头"组织，以经济效益为中心，通过实施种植、养殖、生产、供销、农业、工商一体化管理，将农业生产前、中、后各环节连成一个完整的产业体系。

二、特色种植养殖，助力乡村振兴

1.特色种植项目

（1）黄秋葵

黄秋葵之所以被称为"蔬菜之王"，是因为它的芽、叶、花都富含丰富的蛋白质、矿物质和维生素，它的籽中富含钙、钾、锌、铁、锰等常见的元素，可以提炼出脂肪、蛋白质，可以榨油，也可以作为咖啡的添加剂。不仅可以食用，而且可以入药，其根可以止咳，其树皮可以调理经期，其种子可以在奶水不足的时候起到催乳作用，一整株可以清热解毒，润燥滑肠，是一种很好的药用植物。秋葵是一种可以长时间采收的作物，从 6 月到 11 月，一亩地秋葵产量可以到 2500 千克左右，生产成本低廉，收益高，在市场上有很大的发展空间。

（2）水果玉米

水果玉米是一种非常甜的玉米，皮薄、汁多、脆、甜，可以直接食用，皮薄而脆，一口咬下去就会裂开，生吃和熟吃的时候都会很甜，所以又叫"水果玉米"。富含维生素 A、维生素 B_1、维生素 B_2、维生素 C、矿物质及游离氨基酸等，是一种新型的健康养生食品。果实、玉米秆、叶茎、叶面等均含有较高的糖分,是优良的畜牧业饲料,各种营养成分比青贮饲料高出3%。水果玉米是水果类植物中的一员,水果类蔬菜主要有水果黄瓜、马瓦番茄、圣女果等。水果类蔬菜不仅有蔬菜的营养价值,还可以和水果一样生吃,价格比蔬菜要高,但也不贵,所以非常受欢迎,非常适合农民种植。

(3)金银花

金银花历来被认为是清热解毒的良药,主要是因为金银花性甘寒,味甘,清热不伤胃,芳香通达祛邪,金银花具有疏散风热、清解血毒的功效,还能治疗发疹、身热、发斑、咽喉肿痛、热毒疮疡等热性病。它的适应性很强,喜欢阳光,耐干旱、耐水、耐阴,只要是湿润的、肥沃的土地,它就能长得很好,所以市面上的金银花需求量很大,很多地方都在种植。金银花具有特殊的作用,其应用范围更广泛,其用量也更大,因此,市场上的金银花供不应求,据有效统计,全国每年对金银花的需求量为1700万千克,可供应的金银花数量在500万千克至700万千克,这就使得金银花在市场上的价格不断攀升,因此,发展人工栽培具有巨大的市场潜力。

(4)黄心猕猴桃

猕猴桃是一种富含维生素C的水果,富含抗氧化剂,具有预防肿瘤的作用,同时还富含精氨酸,可以促进血液循环,降低血栓形成。黄心猕猴桃果肉细腻,果香浓郁,口感甘甜清爽,几乎没有酸味,富含大量的钙质,可以被身体吸收,是中老年人最好的补钙食品。黄心猕猴桃是一种不污染环境的无公害猕猴桃,不但可以保持土壤的活力,还可以促进当地的生态环境小气候,促进当地的生态观光农业发展。

（5）反季节草莓、黄豆

在大棚里反季节种植草莓,在市场短缺的时候供应产品,以填补市场空白,提高收益。除了草莓,大量其他水果、蔬菜都可以在大棚中反季节种植。此外,还有一种错时经营方式,以黄豆为例,收割成熟的黄豆晒干后每亩地的产量在150千克左右,拿到市场上售价约5元每千克。如果在青豆时收割则每亩地能收到500千克左右,带皮的毛豆角直接就能卖到3元每千克,而剥皮的毛豆则能卖到每千克6~10元。如果不等豆子变黄,提前收割青豆,租个冷库储存起来,等到临近春节再上市。这样一算,同样是种豆子,除去仓储费、人工费等,每亩地能增加更多收入。

2.特色养殖项目

（1）蚕

蚕主要是吃桑叶长大的,蚕茧的用途很多,一般都是在纺织、制衣等领域,蚕蛹、蚕蛾、蚕粪都是经过处理的,可以用作医学上的原材料。中国的丝绸文化源远流长,蚕丝织品价值不菲,在每逢节日的时候,丝织品会作为礼物送人,蚕丝则会发出光芒,纯正的丝织品光泽鲜亮,人们对这种丝织品的需求越来越大,所以养殖蚕的经济市场前景很大。

（2）黄粉虫

黄粉虫之所以被称为"蛋白质饲料宝库",是因为它含有50%以上的蛋白质,30%的脂肪,以及一些常见的元素和微量元素,比如钾、钠、磷、铁、铝等等,干燥的黄粉虫幼虫含有40%的蛋白质、蛹含57%的蛋白质、成虫含60%的蛋白质。黄粉虫是一种新型的食物,可以用于食品和其他的多种用途,市场上的需求量很大,黄粉虫的饲养成本则相对低廉,而且经济效益也很高,在市场上也有很大的发展空间。

（3）土元

土元是中医的叫法,土元其实就是地鳖,由于土元能下瘀血、消症瘕、疗折伤,所以国内外市场对土元的需求量较大,而野生的土元远远不能满足市场的需求,所以人工饲养土元能带动经济效益提升。土元喜欢阴暗、潮湿、带有腐殖质丰富的松土,害怕阳光,所以白天都在潜伏,晚上活动,适宜生长的温度在28℃~30℃,但要注意温度低于8℃土元将会停止活动,开始休眠,而温度低于0℃或者高于38℃都会导致成虫、若虫土元大量死亡,现在国内和国外对土元的需求量逐渐增加,所以养殖土元的市场前景很广。

（4）蜈蚣

蜈蚣是一种陆生节肢动物,它的节肢有许多节,每节都有一对节肢,是一种多足的生物,蜈蚣的药用价值极高,可以治疗小儿惊风、抽搐痉挛、破伤风症、风湿顽痹、瘰病、中风口眼歪斜、半身不遂、毒蛇咬伤,蜈蚣具有通络止痛、攻毒散结、息风镇痉等功效。蜈蚣喜阴凉、温暖、通风良好的环境,主要栖息在山地、沙质土壤的地区,因其毒性较强,捕获时会有一定的危险。由于长期使用化肥和杀虫剂,导致野生蜈蚣的数量逐年下降,市场上的价格每年都在不断地攀升,随着市场上的蜈蚣的需求量越来越大,人工饲养的蜈蚣可以带来一定的经济效益。

三、"互联网+"特色农业发展

1."互联网+"特色农业发展思路

（1）"互联网+"特色生产,主打"特""优"产品

根据实际情况,发展多元化的特色工业,减少市场的风险。运用"惠农网"等信息化平台,对全国有代表性的特产品种的产销量、市场拥有量进行统计,并根据市场的需要,及时调整产品的生产因素,并结合当地的实际情况制定产

品,防止产品滞销。农业生产、加工的农业生产基地和生产单位,要充分发挥本地良好的农业生产条件和"富硒"产品的特点,根据不同的地形、水土、气候条件,生产出不同的香料、茶叶、中药材、肉类等产品,并形成一个稳固的供应来源,运用国内外先进的生产技术和包装,提高农产品的附加值。比如,要围绕本地草食牲畜,野生中药材,蜂蜜,果蔬,茶叶,烟草,坚果等,注重种植、养殖、加工等环节,延伸产品精细加工产业链,提升农业产业化水平和层次,构建完善的农产品加工体系,增加产品附加值,提高竞争力。

强化品牌,提升质量,不断提升市场竞争力。诚信、标准化、安全、环保、注重产品的绿色和营养,以消费者的健康和安全为第一要务,是农业企业发展的根本。利用现代信息技术,将具有民族特色、传统、红色、农村文化等特色文化,结合农产品的生产、品质、包装、网络营销,提高农产品的品牌知名度,提高农产品的品牌价值。要充分利用传媒的引导功能,加强品牌宣传,利用传统公共场所荧屏资源、农业广播、电视节目等多种宣传手段,利用网络新闻、微博、微信群、朋友圈等途径真实合理地发出图文广告,设计采用喜闻乐见的广告内容。

(2)"互联网+"科学管理与系统培训

利用网络向各生产基地传达农业技术、农业技术发展的最新资讯,传播农技知识,解决农技问题;同时,还可以通过"农业信息交换平台"(微信公众号)或社交软件进行图片、视频和文字交流,实现农业信息技术的快速传播。可以参加微信公众号的学习,比如"微信公众号+问题链接提示+班会考勤+百度云教学材料下载",可以让导师和受训人员在线互动,并提供相关的教学材料。在参加学习训练的过程中,还可以组建一个学习小组,鼓励大家发表意见、提出问题、交流经验,帮助农民转变传统的观念,增强他们的文化素养。同时,通过对一些贫困农民的思想教育,使他们逐步摆脱依靠、懒散的心态,真正地帮助他们掌握现代农业技术。

(3)明确市场导向,打造"互联网+"高效低耗的经销模式

建立"线上线下"的双重销售渠道。随着电子商务的迅速发展,"网店"的经营成本大幅下降,大量的食品类企业,比如百草味、三只松鼠、良品铺子等,纷纷进驻天猫、京东等网络购物中心,以便捷的网络交易平台、良好的产品质量,深受广大消费者的喜爱。要加速特色农产品"走出去",就必须对网上销售平台进行合理的规划和设计,并做好相应的便利服务。既要以线上经营为主,又要做好线下实体店的市场推广,可在本地及景点开设服务分店,既能满足本地

居民和景区的游客需求,又能充分展现本地产品的特点与质量,起到很大的广告宣传作用。

引进先进的采购和销售模式,加强冷链物流的运力。运输条件的大幅改善,使得农产品的运输和销售得到了很大的发展,但是,由于产品的滞销、运输途中变质、运输费用高,未来的市场需求将会不断变化,所以对农产品的运输和销售提出更高的要求,需要用物流理念和先进的冷链技术来增强配送能力。可以考虑建立自己的高效率的运输队和冷链物流网络,建立一个农产品的信息发布平台,将当地、外地的餐馆、商家、消费者等都纳入其中,同时微信和支付宝等支付方式,大大降低了中间环节,通过自己的运输队伍,把新鲜、优质、实惠的特色农产品,按照顾客的需求,以更低的价格,送到顾客的手上。

2.“互联网+”特色农业发展案例——临武香芋

临武香芋线上线下结合的销售模式,已树立了典范,并在实践中不断总结摸索“互联网+”特色农业。临武香芋储藏、营销关键环节的有效做法,闯出一条符合市场高质量营销规律的路子。主要形式以线上线下结合的订单销售模式,为特色农产品临武香芋销往高端市场提供更便捷的方式,直接增加了农民的销售收入。经由电商平台进行销售,在全国各地成立了香芋营销网络销售卖点5000余个,不断研发临武香芋粉、香芋片、甜品调料粉等特色产品,成立了临武e家农产品电商销售平台、农村综合服务社贝溪分社和贝溪香芋销售中心。利用天猫、淘宝营销网络迅速把香芋产品上架,开通运营,客服,提货、打包,发货等工作流程,规范电商营销运行体制,吸引客户。利用微信、商城、朋友圈、特产1号店等营销网络建立微信公众号,定期推送产品信息促销活动从而销售特色香芋产品给客户更多实惠。利用互联网+物流的手段,按照"公司+基地+农户+网络市场=财富"的运作方式,形成独具特色的产业发展模式与顾客线上线下对接,顾客线上下单,店员线下送货,使临武香芋走俏大江南北,产品在广州江南、北京新发地等市场独占鳌头。不仅销往北京、上海、广州、深圳、台湾等大中城市市场,还远销美国、加拿大、日本、新加坡等国外市场,全县香芋种植户可人均增收4000元。与全国9个省市100多家商场建立了稳定的销售关系,通过芋农产地批发给营销商、营销商批发到市场销售等环节,建立从农户到客户,从农田到餐桌,从农村到城市的互联网营销新格局,开设营销档铺1000余个,在广州江南市场和北京新发地市场的销售份额占80%以上,外销总额达到8.3个亿,产值与效益不断增长。

3.案例启示

"互联网+"是与时俱进的,它促进特色农业销售发展。

在特色农业生产方面,农民不懂的那些畜禽养殖、果树生产等技术问题,都可以自己在互联网上去查找相关技术指导,得到解决方案。在特色农产品销售方面,"互联网+"减少了中间的流程,采用"互联网+"模式,打通了农产品流通的最后一公里,农户可以居家使用互联网查询满足其要求的交易对象,如果二者达成长期合作关系,这就更加降低了交易的不确定性,减少了交易过程中的搜寻成本、信息成本、议价成本、决策成本、监督成本等。因此互联网的加入增添网销收益,减少了成本,增加农民的收入,实现农户收入的乘数发展,从而带动特色农业的经济增长。在特色农产品的品牌宣传这一方面,互联网传播也变得十分容易。特色农业产业的在线化品牌改造,在保障产品优质、高效、生态、安全的前提下,做好线上的宣传,举办各种网络品牌宣传活动,借助各类媒体做好产品特色产业品牌宣传,深化品牌内涵,扩大品牌影响,提高特色产品的综合竞争力和市场占有率,提高产业经济效益。

四、打造农产品互联网产销一体化经营

农产品产销一体化电商模式的建设,对农业经济的发展有着重大的意义。一是要把农业区域的物流配送网络建

设重视起来,以实现制造、供应、营销三位一体的全产业链发展,从而推动农业产销一体化和现代网络信息技术的深入融合,为"互联网+"经营模式下农产品的信息流通提供良好的服务条件,从而推动农业经济的健康发展。二是要保障三流合一供应链管理系统的正常运行,确保传统物流、信息流、资金流能够在农户、消费者、配送中心和电商平台之间达到平衡状态,进而保证互联网产销一体平稳运行。三是要充分利用互联网传播规律,在平台社群营造当地特色文化氛围,助力当地农产品产业发展与乡村振兴。

1.将互联网技术引入农产品产销一体化中的优势

(1)有利于农产品专业化生产

很多农产品生产面临着资金、技术缺乏和信息不对称等问题,通过互联网产销一体可以使农民获得来自平台的融资资金、技术支撑,指导合作进行专业化生产,使生产要素得到优化配置,为农产品生产的标准化和规模化奠定了基础。

(2)有利于产销之间的有效流通

农产品互联网产销一体化流通机制,是将生产与营销相结合,让其成为利益共同体。农产品流通部门与市场部门重新整合成为一个流通组织,扩大了组织规模,形成市场决定生产的新格局。

（3）有利于协调产销供求矛盾

通过建立以农产品电商平台为基础的产销一体化可以平衡市场的供需，协调产销之间的矛盾。通过农产品电商平台，可以实现买卖双方的直接对接，减少了中间环节，节省了人力、物力等中间成本，扩大了交易范围及交易渠道。

2.农产品互联网产销一体化发展对策

（1）推动产销一体互联网化

如今，人们对农产品的要求不仅在于物美价廉，而且对其服务也提出了一定的要求。在互联网高速发展和经济快速运行的背景下，数字经济取代实体经济的同时，致力于打造在线服务、在线消费新生态。农产品直销电商平台正是基于当前大环境背景，以农产品为依托，融合物流交易服务、物流配送服务、信息服务于一体，致力于带动全县特色农产品在线上打开市场。

（2）构建三流合一的供应链管理系统

一是建立互联网物流配送管理中心。传统产销一体化不能满足现代化流通的重要原因之一，就是其配送模式仅是单纯用配送中心将生产和销售环节连接起来，而没有真正发挥流通环节在产销之间重要的纽带作用。要使农产品流通环节真正发挥作用，必须充分利用大数据，建立基于互联网的配送管理中心，充分考虑各客户点分布状况、交付日期、配送成本以及配送原因，并合理设定基本的配送范围、配送批次、路径选择等，以便有效提高各配送渠道的规模和效率。

二是建立横纵向信息反馈系统。众多企业通过建设全球ERP电子管理系统，从而做到全球一体的、无时空阻隔的高效率管理，彰显了信息流的重要性。在农产品市场上，就农产品来说，大多数拥有产运销等经营环节的企业都或多或少存在因产销环节信息不对称而导致的产销脱节现象。因此，要在农产品经营过程中建立各环节及各部门的横纵向信息反馈系统，充分发挥产销指挥棒作用，以便及时掌握市场有效信息，从而规避市场风险。

三是建立供应链流动资金管理系统。当前，我国中小企业融资仍是个亟待解决的难题。虽然农产品产业有政府和部分企业的帮扶，但若想农产品走向更大的舞台，同时带动当地特色农产品共同打开市场，只有依托金融工具帮助当地农产品建立一个高效的供应链流动资金管理系统。一方面，农产品在初创阶段时，应大力借助各种供应链金融工具来改善现金流与现金周期，用最低的金融成本获取最高的营业收入，改善资产负债表，提升自己的信用评级；另一方面，供应链上的资金流关系到整个供应链的生死存亡。只有建立一个完善的资金管理系统，并融入当地农产品的供应链日常管理体系中,才能使当地农产品的整个供应链管理得到充分的保障,并获得长期的持续性增长。

在农产品互联网产销一体的发展进程中,互联网配送管理中心确保物流运输畅通,横纵向信息反馈系统调控供求关系,供应链流动资金管理系统提升资金运用效率。只有将传统物流、信息流、资金流完全整合在一起,才能达到真正的高效率,使农产品产销在现代社会中具有核心竞争力。

(3)推动互联网助力乡村振兴

一是打造品牌口碑,促进产业振兴。过去农产品外销市场面单一且狭隘,现通过已打响的高口碑农产品,以农产品电商平台为依托,基于社群功能收获口碑,进而打造"优质农产品"品牌形象,带动当地特色农产品外销打开市场。另外,要在线上推广当地特色活动,以扩大农产品品牌影响力,助推农产品产业发展。同时,要在政府和各大企业的帮扶下,大力开发农产品产业振兴合作项目,推动当地农业与农产品加工业的产业融合。

二是加强资源保护,宣传乡村文化。加快推动生态文明建设,是当地转变经济发展方式的必然要求和关键着力点。大力推动当地农业与旅游业两大产业融合发展,是农业农村发展大势所趋,也是城市消费需求的热点所在。一方面,有助于开发农业农村生态资源和乡村民俗文化;另一方面,促进农业产业链延伸、价值链提升、增收链拓宽,可以带动农民增收、农村发展、农业升级,从而很好地解决"三农"问题。

三是建设生态旅游,开发旅游商品。建设生态旅游,要在当地科普宣传自然资源保护,确保在生态旅游业发展过程中始终贯彻环境承载力管理原则和自然环境保护准则。同时,让本地农户也加入旅游服务当中,不但增加了人文气息和地方资源的文化魅力,而且能够提高本地农户的经济收入。与此同时,要开发具有当地文化特色的旅游商品。一是要改善旅游商品开发的市场观念,引进相关专业研发人才,要打破该产业所处的低水平盲目再生产阶段;二是要深度挖掘当地民族文化特色,避免商品雷同、结构单一等问题;三是要以当地旅游商品为主题,在电商平台社群分享推广开来,推动旅游商品成为当地旅游业的一大代名词,进而促进生态旅游业的发展。

农产品互联网产销一体化发展策略,以互联网助力乡村振兴为媒介,三流合一供应链管理为保障,促进农产品产销一体互联网化,达到了三者功能的最优化结合,促进了要素的有效优化分配,缓解了农产品滞销问题。

第五章

发展生态旅游　助力乡村振兴

第一节　乡村旅游经济发展

　　乡村旅游是以休闲观光为目的，以原始的天然村落为场所，营造和谐的人文氛围，优美的生态环境，可供游客居住的休闲方式。在近几年的经济高速发展中，乡村旅游业不断涌现新的理念和理论，使得其内涵更加丰富，形态更加多元化，力求克服乡村旅游业的"同质化"。多年来，乡村观光的主要形式就是到乡村去体验乡土民风、民俗礼仪、参观地方地标、品尝本地的美食等。游客可以在附近的村落逗留学习，体验乡村的居住方式。

一、乡村旅游经典案例——精品民俗带动型

　　挖掘地方特色，大力发展武当旅游新业态——湖北省十堰市武当山旅游经济特区。

1. 基本情况

武当山旅游自 2018 年起，以创建旅游文化、生态资源等为核心，立足"武当 369"，以创建武当 369 商标为抓手，积极利用各村资源，发展支柱工业，紧紧依靠旅游资源，坚持"一村一品"，深入融合旅游资源，培育旅游新业态，全力推进旅游扶贫富民，促进辖区各村快速发展，有力助推了脱贫攻坚和乡村振兴。

2. 主要做法

（1）把民宿旅游作为脱贫攻坚着力点

2018 年，景区坚持以旅游扶贫、民宿致富的思想，以民宿旅游为突破口，积极推进发展旅游民宿发展产业，动员有能力的贫困户自己发展民宿产业、没有能力的贫困户将自己闲置的房屋向外出租，依托"5A 级景区"的优势资源，以核心景区为支撑，以食住游要素配套，辐射带动景区周边民宿群发展，以"游在景区、住在民宿"的模式，让贫困农户借力民宿旅游，分享更多发展红利，加快脱贫步伐。通过构建旅游脱贫的扶持体系，精心建设了一大批康体养生民宿，如"紫霄仙居""隐仙别院道家养生""太和紫隐道"等；推动太和缆车公司与豆腐沟村（豆腐沟村康体基地）签署了村企合作框架协定，太子坡明月道院的特色民宿正式开业，王府村、大湾村、鲁家寨村的民宿建设也在稳步进行。如今，全乡以发展乡村旅游为基础的同时,依托八仙观茶文化基地、隐仙谷中药材基地、鲁家寨茶园、紫霄旅游基地四个主要基地,在八仙观村扶贫茶叶车间、鲁家寨村扶贫茶叶车间、太子坡顺村源茶农家扶贫作坊、大湾扶贫销售摊位、逍遥谷扶贫摊位、太子坡扶贫摊位,吸纳贫困户参与景区护林、环卫工作等方式,景区旅游产业扶贫覆盖140户,带动贫困人口529人。

（2）把民宿旅游作为深化农业供给侧结构性改革切入点

2018年起,景区办事处积极推进生态文化旅游业与农业深度融合,"旅游+文化""旅游+农业"等新的旅游形式层出不穷,八仙观村的春茶采摘体验游已成为一股热潮,鲁家寨的生态养殖园区游客络绎不绝,豆腐沟村的冻豆腐也是供不应求。八仙观村和祥源集团联合组建了湖北祥源八仙观茶业有限公司,茶园的经营和销售能力得到了明显的提高,八仙观村的农户客栈改造全部完成,太子坡村的民宿开始营业,大湾村的十个特色旅游摊位全部升级,紫霄村的七星树景区改造竣工投入使用,鲁家寨村的生态农业和民宿项目已经基本完成,新增10多个特色旅游民宿,五龙村的蜂蜜养殖产业也在稳步推进。让传统农房变成旅游民宿,传统种养方式变成体验旅游,传统农产品变成旅游商品,既弥补休闲度假、文化体验、康体养生等旅游业态短板,又促进农业转型升级、提质增效。

(3)把民宿旅游作为全域旅游引爆点

"武当369"全域旅游品牌的成功实施,充分发挥了现有的优势,抓住机会,全力发展特色旅游,武当山新的旅游形式层出不穷,太和紫隐被评为2017湖北省金宿级民宿;隐仙别院、福地居33号、道舍客栈等特色民宿、客栈持续火爆,八仙观全面开发,太子坡、八仙观、紫霄等景点体验游、养生游已成为景区新的旅游经济增长点。大湾村民宿改造项目、鲁家寨村民宿改造项目、太子坡明月道院等一系列休闲养生民宿项目已经初见端倪,旅游休闲、武术养生等功能于一身的特色民宿产业发展体系逐渐形成,民宿旅游已经成为武当山旅游的新时尚。

3.主要成效

武当山旅游经济特区以乡村旅游为核心,以农村产业结构调整为切入点,以乡村振兴为突破口,探索了新的发展模式,促进了全域旅游迈入了新阶段、美丽乡村孕育了新变革。武当山民宿作为武当山旅游发展的重要支柱,是实现新时代人民对美好生活的重要载体,必将为乡村振兴作出新的贡献。

二、乡村旅游经典案例——生态资源依托型

传承红色基因，打造一流乡村旅游度假区——河北省石家庄市李家庄。

1.基本情况

李家庄风景名胜区位于河北省石家庄市平山县岗南镇，是一个以观光为主，展现美丽的村庄与农场的发展。与美丽乡村相结合，构建"快旅慢游"风景廊道，实行"旅游+"发展战略，重点发展太行特色小镇，将"旅游+美丽乡村""旅游+农业园区""旅游+文化产业""旅游+老年产业"等产业深度融合，李家庄美丽乡村旅游景区由李家庄、石盆峪、胡家咀三个美丽乡村组成；太行文化旅游度假区（包括李家庄、石盆峪、韩庄、上奉良、下奉良、三角、胡家咀），岗南地区，泓润科技园区。李家庄村被省委、省政府评为省级"美丽村庄"，被省农业部门评为"河北最美休闲村庄"，被住建部列入第四批"全国美丽宜居村庄"。

2.旅游要素打造

李家庄美丽田园风景区以李家庄的优美村庄、红色的资源和生态环境为基础，秉承"自然、农业、科技、养生、文明、生活"的发展思路，发展美丽乡村+乡村旅游+农业园区+特色小镇,开发生态观光、立体农业、采摘园、创意工坊、艺术田园等乡村旅游项目,总投资达到8.6亿元。让游人在感受乡村风味的过程中,既要保证舒适,又要有参与感,要把特色小镇的自然、文化因素发挥到极致,才能使传统的农庄成功地转变,从而带动当地的经济发展。

(1)吃:餐厅分区功能化

李家庄美丽乡村旅游度假区中李家庄、石盆峪村主要为农家饭,特色方面,餐具"粗"一些,"土"一些,如土钵陶盆等,食材要"绿"一些,"鲜"一些,如蔬菜为绿色有机菜,肉类原材为无饲料添加的散养方式;整个饭店的装修风格与农家乐的主题相结合,体现了当地的特色。在发掘乡村文化的基础上,发展手工艺作坊,把最原始的农家食材,以最纯正的手艺做出,例如:石磨面粉、农家豆腐、乡村烧酒、古法香油,使游人领略到当地特色的农家美食;李家庄荣逸乡村客栈于2018年4月开张,亦以当地特色为主,以原色为基础,精心制作,以迎合不同的客人;泓润科技生态园区以生态为主,包括生态餐饮等,使食客在此过程中充分感受到人与自然的深度交融。

(2)住:接待乡土民俗化

在李家庄美丽乡村旅游景区李家庄村,已经完工的农家院居住环境,凸显了原乡的乡土气息。一砖一瓦,一丝不苟的雕刻,无不彰显着古典的韵味,彰显着乡村的悠闲。根据乡村的特点,室内装修采用农家木床、轧花棉被等;装饰凸显了农村的趣味,比如几串红辣椒,几顶斗笠,特色剪纸;选址要充分利用闲置的农舍进行改造,既要保留原有的风貌,又要考虑到住宿的舒适性、便捷性、保密性,每个房间都配有洗手间,每个庭院都有厨房、食堂、无线上网;荣逸田园酒店共246间,分为标准间、大床房、家庭房、儿童主题房,多功能大厅可同时接待600人会议、餐饮;泓润生态园区是一家以木质建筑为主体的生态园区,其多样化的建筑风格涵盖现代、自然、生态、人文等元素,让每个游客都能自由地挑选自己喜爱的主题。

(3)行:交通方便快捷化

李家庄美丽乡村旅游景区以"快旅慢游"为特色,便捷的交通是其成功运营的关键,是其基础设施建设的关键。西柏坡高速公路出口位于岗南镇境内南部,南出口可直达温塘镇和富力国际康养城、众诚圣地玫瑰"花世界现代农业观光园"项目区、岗南镇区,北出口直达李家庄、石盆峪、胡家咀美丽乡村与特色小镇、泓润科技生态园区。在路口、景区入口设立路牌、旅游标志、讲解景点等,并在2019年增设观光电瓶车,增加公交站点,为游客提供便利。

（4）游：设施布置人性化

李家庄美丽乡村旅游景区在建设过程中,将乡村旅游与自然风光、红色文化特色相结合,在温塘西柏坡高速的温塘出口处设立了游客接待中心,既要展示岗南镇的全域旅游产品,也要将平山县的全域旅游项目,包括路线、餐饮、特色等,让游客有一个合理的计划。旅游设施：为旅客提供必要的旅游厕所、休息和遮阳的桌椅、观景台等;在景区内设置旅游专用车,将景区内的景点串联起来,形成一个综合的服务中心,满足游客的需要。

（5）购：体现红色和乡土特色化

李家庄美丽乡村旅游景区的李家庄村,挖掘了红色与地方特色,发展了红色文化旅游产品和乡村旅游产品,内容涵盖书籍、生活用品、剪纸、柳编等;泓润科技生态园区主要生产无公害、绿色蔬菜、水果、养殖等;公司以一万多亩玫瑰资源为基础,主要生产玫瑰精油,玫瑰护肤品,玫瑰饼,玫瑰酱等。岗南镇的旅游产品已在"李家庄""岗南粉条""武西源""涧泓""圣地玫瑰"等众多名牌产品中,将绿色、乡土、原始、高科技等融合在一起,为广大游客提供全方位的服务。

（6）娱：红色体验+乡村旅游+农业园区+特色小镇

李家庄美丽乡村旅游度假区在旅游开发娱乐项目中,根据各村的特点,因地制宜地选择项目。中央统战部旧址是全国统一战线传统教育基地,集宣传、教育、展览、研究于一体。"美丽乡村""特色小镇""泓润科技生态园""圣地玫瑰园""花世界""现代农业观光园"深度融合,内容包括特色民宿、拾光街区、文创园、光荣田园、绿色食园、四季庄园、生态园。

3.文化要素打造

李家庄村打造集宣传、教育、展览、研究四位一体的教育基地,建设具有太行风情的红色旅游乡村;泓润科技生态园区是一座现代化农业园区,它是一座集农业生产示范、生态农业观光、科普教育推广、农产品展示、生态休闲度假的现代化农业园区,以玫瑰为主题,以花卉世界为主题,以花卉世界为特色,集观赏、旅游于一体的花卉世界观光园区;国际养生城是一座以文化旅游、养生康体、养老护理、特色商业、休闲居住为一体的国际休闲养生园区。

4.产业经营

李家庄美丽乡村旅游景区,以红色体验、乡村旅游为主,内容包括:统战旧址陈列馆、特色民宿、手工作坊等;泓润生态园区的建设内容包括:大学实训基地、热带水果展示区、生态农业观光区、生态餐厅、木屋酒店等;花世界现代农业观光园的主要内容有:育苗、新鲜切花基地、四季花廊、迷宫花园、吸水花园、奇花异果航天种植园、玫瑰花加工体验、花卉博物馆、美食街、温室垂钓场等;富力国际康体中心项目包括学校、中医院、精品酒店、文化艺术展览等。

5.组织方式

李家庄美丽乡村旅游景区坚持"政府主导,市场运作,公司经营,群众参与"的方针,强化组织、政策、资金、机制保障,积极推进美丽乡村建设,大力发展乡村游和园区体验游。建立了乡村旅游管理公司,实行规划、建设、管理、标准、营销"五统一"的管理模式。

6.社会资本投入

李家庄美丽乡村旅游景区在资金的整合上,积极探索工作的方式,积极争取项目的建设经费。基础设施和生态环境的营造,是政府出资,产业发展是引进企业投资,政府投入和村集体资源资产作为集体服务,与企业按一定的比例分成。确保了村集体、村民和企业的共同利益,为区域的长期发展打下了坚实的基石。

李家庄的美丽乡村建设,是由国家投资的。平山县富通生态农牧有限责任公司,全面发展,投入2800多万元,建设了657亩的观光采摘园,主要发展樱桃、红树莓、金银花等,并发展中药材。农宅项目由河北荣盛集团出资2000万元,根据"一户一设计、一户一特色"的原则进行改造,发展农家乐,村民在农家乐打工,有一定规模的农户在公司的带领下可自主开办农家乐;石盆峪、胡家咀等地的美丽乡村建设,以李家庄为典型;河北泓润造林有限公司投资10.3亿元,建设泓润科技生态园;河北圣地玫瑰花世界现代农业观光园区是河北众诚实业集团投资3.5亿元建设的一期工程。2018年,李家庄村的乡村旅游受到了极大的欢迎,全村村民人均年收入达到1.8万元,村集体年收入达到了60万元。

三、乡村旅游经典案例——旅游扶贫成长型

实施精准扶贫,激活乡村发展——安徽省合肥市"三瓜公社"。地处合肥合巢经济开发区,距合肥市区50千米,辐射周边150千米,辐射人口2600万,是合肥旅游发展的关键节点。该工程占地60多平方千米,人口有5万多人,地势低洼,地处偏远,以传统农业为主。三瓜公社通过电商、乡村旅游等方式,将美丽乡村建设与乡村振兴相结合。该村的经济收入不断提高,集体经济也得到了极大的发展,并取得了稳定的发展。

1. 推进"合作社+农户",唤醒农民致富情

在该项目入驻之前,该村的大量土地都是闲置的,没有人耕种,导致了土地的浪费。三瓜公社先后组建了四个专业合作社:花生专业合作社、山里邻居蘑菇专业合作社、山

里人家养殖专业合作社、桃源水果专业合作社。突破了传统的经营方式,把种植、养殖、生产、线上、线下交易、物流等有机结合起来,提高了产品的产量和价格,激发了农户的积极性,提高了村民的参与热情。合作社以吸纳贫困户为主,实行"合作社+农户"的扶贫模式,发展了1000余户社员,带动了周边11个村庄农民共同致富。

2.推进"互联网+三农",激活乡村发展情

让乡村变得更加美丽。三瓜公社本着"让乡村更像乡村"的建设思想,加强对村道的整治、下水道的铺设、绿化、建设无线网络等,使村容村貌焕然一新。使耕作更加合理。通过互联网和线上、线下的结合,大力推行订单式耕作,使土地使用更加科学、生产要素与市场的联系更加紧密,农产品的增值使农民更加富有。三瓜公社通过发展农产品和产业基地,实现了农村经济的可持续发展。2015年,农户年收入超过3万元,农村集体经济收入增加34%。

3.推进"乡村旅游+扶贫",小康路上有激情

以传统农业为基础,结合传统农业和休闲旅游,打造观光、体验带,打造四季景观。同时,让村民参与到景区的建设、运营、生产、加工等各个环节。一些村民利用自家的房屋、土地等特色资源,积极投身于旅游客栈、农家乐、特色农庄等相关产业,由三瓜公社统一打造,增加了农民的收入。

经过近几年的建设，已有明显的效果，漂亮的乡间又回到了从前。三瓜公社大力发展美丽乡村，经过几年的治理，使村道通畅、环境干净、青山碧水，村容焕然一新。三瓜公社有效地解放了农民的闲置土地，利用闲暇的时间，引导村民参与到旅游景点的建设之中，既能激发他们的生产热情，也能增加他们的收入。"美丽乡村"的影响，使大批农民工返乡、大学生返乡，乡村文化氛围浓郁。

四、乡村旅游经典案例——田园观光型

从穷变富，由富到美的"三级跳"——江苏省苏州市旺山村。

1.基本情况

旺山村位于苏州市古城区西南部，东临川流不息的京杭大运河，西临四季花果飘香的七子山，南临烟波浩渺的东太湖，北临上方山，是苏州市的南大门，也是越溪城市的重要枢纽。这个村庄面积12平方千米，有2562名居民。旺山生态环境优越，自然资源丰富，历史文化底蕴深厚，是一座集山林植被、农业生态、田园村落、历史古迹于一身的旅游、休闲度假胜地。曾获全国文明村镇、全国农业观光示范点、中国特色商业街、5 A 景区、江苏最美丽乡村等称号。

　　2005年前,旺山村只是一个名不见经传的小山村,交通闭塞、经济薄弱、村落松散、环境凌乱,村民生活水平较低。2006年,国家旅游局全面实施"乡村游"发展战略,深入推进社会主义新农村建设。旺山村抢抓先机,积极作为,依托优美的自然风光和区位优势,进行科学规划,实施布局调整,大力发展乡村特色旅游。突出民居改造,对三面环山的生态园进行了集中整治和开发,形成了具有苏式品位的民居村落;突出改水排污,疏浚河道、重建桥梁,铺设污水管网,实现区域零排放;突出生态环境治理,大规模实施封山育林、山体覆绿和宕口整治,再现青山绿水的自然风貌;突出道路建设,新建生态道路20千米,并实现电力、通信、电视、网络等线路全部入地。同时,积极推进农业产业结构的调整,着重发展经济型茶园、果园、花卉园、蔬菜园、养殖园,打造特色高效农业生产基地。整个景区形成五大板块,即钱家坞农家乐餐饮住宿区、耕岛农事参与体验区、上山塘农业观光游览区、暖嵝岭农业观光游览区、环秀晓筑温泉养生区。景区内一幅幅斑斓、秀美、精致的风景向来这里的游客展现出旺山村诗梦乡里的田园梦境,也向广大市民打造出了一处离市区最近的"吃农家饭、赏农家景、享农家乐"的特色景点。

2.主要做法

旺山村一直把乡村旅游作为新农村建设的重点加以发展,致力于将潜在的农业和旅游资源优势转化为现实的经济优势,切实增强旅游的品牌效应,不断构筑和优化旅游发展环境,实现乡村旅游和新农村建设互促互融。

（1）围绕优势找定位

随着生活水平的提高,大众旅游时代已经到来。对于久居都市、忙于工作的人来说,他们需要在悠闲的环境、清新的空气中释放压力、放松心情。旺山村具有大自然的清新、回归田园的不羁,"春赏花、夏耕耘、秋摘果"的淡薄和宁静正切合了现代都市人的这一需求。景区内森林植被覆盖率达78%,是天然的"绿肺"和"氧吧"。为此,旺山牢牢把握这个核心要素,致力打造"生态、健康、休闲"品牌,"生态"就是要在郁郁葱葱的绿色中实现人与自然的和谐相处;"健康"就是要在轻松、愉快的运动、体验中,增强体魄和意志;"休闲"就是要通过在青山绿水中的垂钓、摘果、品茶,给疲劳松绑。

（2）围绕民俗展风情

要实现游客青睐的袅袅炊烟、小桥流水、渔歌唱晚这些散发着浓厚乡土气息和农耕文化韵味的景象,突出农家特征,保持乡村面貌是乡村旅游成功发展的关键。在最早对钱家坞农家乐民房的改造中，始终坚持"保留民房主体、适度拆除旧房、保持乡村风貌"的原则，实行现场设计、逐幢改造，使其呈现出疏密得当、错落有致的景观效果，浓郁的乡土民俗风情，自然的生态绿色，每天都吸引大量城市游客来吃农家饭、住农家屋，体验山里人的农耕生活；环秀晓筑度假酒店，本是一片苗木基地，利用依山傍水、静谧清幽的独特条件，投资3亿元建成休闲度假村，设有康复体检、温泉、宾馆等多项服务，为城市居民提供了一个疗养休闲的好去处；又如耕岛，通过规划建设，现已成为一个以体验农事为主题的游览区，设有室外烧烤、农耕体验、宠物驯养及茶楼品茗等活动内容，十分贴近人们回归自然的向往；再如嵝嶔岭风景区，原来只是旺山的一个产茶基地，通过建造观光通道和休闲茶室等配套设施，形成集游览、赏景、品茶、购茶为一体的茶文化游览区，不但保护了茶叶的种植，而且还提高了旺山碧螺春茶叶的知名度。乡村旅游应该突出农耕文化，农耕文明与现代文明对比度越强，其田园意味越足；农耕文化越突出、越典型，越贴近都市人亲近大自然的"乡梦"，乡村旅游才会越有发展潜力。目前旺山引进了"王森巧克力工厂""天棚美术馆""纳德文化""儒林居""隐君子陶瓷""正道书院""华庭苑"等17家文化创意客商。从生态农庄集聚的新农村逐步走向乐居、乐业、乐活的旅游休闲度假美丽乡村,通过资源整合,文旅风情小镇已然成型。

(3)围绕形象创品牌

为了打响品牌,使旺山乡村旅游成为家喻户晓、人人向往的旅游目的地,当地专门成立了旺山生态农庄旅游公司,招聘专职导游、营销人员,负责旺山旅游的整体营销策划、推介宣传。举办了旺山景区旅游推介会,邀请旅游局领导、50多家旅行社负责人和新闻单位代表出席,同时,通过互联网、电台电视、《苏州日报》《城市商报》《姑苏晚报》等多种媒体平台,宣传报道旺山生态园的美景和特色。专项编撰了《旺山览胜》一书,制作了旺山生态农庄的旅游形象广告、产品信息、宣传画册、光盘等资料,全面介绍旺山乃至越溪地区的历史人文故事和景观,提升景区的文化内涵。中央电视台七套节目组专程赴旺山拍摄《聚焦三农》专题片,在十一国庆期间已顺利播放。随着景区的知名度逐步提升,越来越多的游客慕名而来,全村的经济效益和社会效益也得到了快速提升。旅游集团公司按照文旅风情小镇建设三年目标任务分解要求,全面完成了《越溪全域旅游规划编制》《旺山文旅风情小镇规划编制》。同时成功举办了2017、2018两届"苏州国际女子半程马拉松赛",极大提高了越溪、旺山的知名度和美誉度。赛事第一年举办就得到了中国田协的认可,被评为中国铜牌赛事和最具特色赛道,在上海马拉松博览会上,赛事奖牌被评为设计奖第一名;在厦门马拉松博览会上,赛事被评为2018年最具投资价值赛事的第75名。

(4)围绕农民促增收。

旅游带动就是"通过实施'以旅兴农'",使旅游业"成为农村经济发展的新的增长点""使很多农民成为旅游从业者"。旺山旅游的发展之路较好地印证了这些观点。自景区建设以来,旺山村充分重视村民参与乡村旅游开发建设、经营管理的积极性、能动性,在乡村旅游发展的受益中激发村民的热情。目前旺山景区已解决500名以上村民的就业问题;农庄景区内的各类餐饮、住宿和休闲服务行业提供了超过700个就业岗位。在对钱家坞农家乐景区几十户民居改建之初,政府平均每户给予3万~4万元装修补贴。经过几年的经营,农民收入不断增加,2017年每家农家乐收入都在20万元左右,收入最高的超过50万元。结合农业旅游,旺山还充分发挥5400亩林地优势,先后实施林相改造,种植茶叶及优质果品,形成集约化、规模化、产业化、生态化的特色农副产品旅游带,实现旅游业与农业的互动发展。旅游业的兴盛直接推动了旺山村民的致富步伐。2018年共接待游客量109万人次,较上年度增加20%;接待国家、省、市参观考察264批次,较上年度增加45%;实现旅游总收入240万元,较上年度增加15%。村级收入3800万元,农民人均收入可达41500元。全村城镇职工养老保险、大病风险保险和阳光保险覆盖率达100%,村集体还建立了以村民养老、帮贫救助为重点的保障体系,大力支持村公共福利事业的发展。

(5)围绕前景谋未来

"上有天堂,下有苏杭",如今的旺山已被誉为"江苏最美乡村"。未来几年,旺山将以风情小镇创建为主题,5A级景区提升为主体,景区管理为主旨,在现有1.2平方千米景区核心区的基础上扩大规模,主要是打造小镇客厅和乾元寺的重要连接线。通过游客中心的改造和钱家坞的提升来实现小镇客厅的功能,乾元寺是一座千年古刹,距今1600多年,与苏州寒山寺同年建造,现已基本恢复完成。它是苏州市唯一一座建造在山顶上的寺庙,也是观苏州全景的绝佳位置,吴江园区、新区、古城区、吴中区一览无遗,太湖、石湖尽收眼底。整个路段设有几个观景台,能清晰地看到越溪在全域旅游方面的发展成果,必将成为一条观光大道、朝圣大道、健身大道。旺山村人将在农村经济和乡村旅游发展中,用自己的智慧和双手,努力向世人描绘旺山这处安逸祥和的世外桃源,走出一条旅游富民的幸福之路。

第二节　酒香不怕巷子深

　　常言道,酒香不怕巷子深,意思就是说如果酒酿得好,就是在很深的巷子里,也会有人闻香知味,慕名前来品尝。陈窖一开香千里,酒客云来不嫌远,巷子再深也挡不住嗜酒的客人。这句话后来经常被引用,用以劝诫学生,勤修内功,只要自己有真才实学,就一定不会被埋没。总有一展所学出人头地的一天。不知道从什么时候开始,开始有人提出"酒香也怕巷子深"的论断,大意是说,再好的酒,在深巷里终究鲜为人知,应该主动去宣传推销,让更多人知道。正如在人才济济的当代社会,如果你甘于平庸,不懂营销,不去经营自己,哪怕你有经天纬地之才,也很有可能被埋没,而空度一生。在新的时代背景下,乡村旅游经济迎来了新的机遇,在乡村旅游的宣传上多下功夫,结合当下时代的自媒体,大力宣扬乡村旅游经济产业,让人们了解,知道乡村旅游产业的特性，让更多的人参与其中，壮大乡村旅游产业。

一、美景不怕路途远，酒香不怕巷子深

1.案例分享

（1）桑日县增期乡雪巴村

温泉、空气清新、歌舞、酥油茶、淳朴的民俗，桑日县增期乡的雪巴村拥有独特的旅游资源。在这里，有很多人都在努力把优势变成收益，而琼吉拉姆就是这样一个人。琼吉拉姆经营了6年的家庭旅馆。她相信，"家庭旅馆是把旅游业和牧民的致富有机地结合在一起的一个很好的项目。在藏族人家里，吃糌粑、喝酥油茶、青稞酒、欣赏藏族歌舞，在领略藏族传统文化的同时，还能为当地居民带来一笔不菲的收入，这是一件非常愉快的事情。"山南市旅游局在党的群众路线教育实践活动中，就提出以"创建乡村旅游示范村"为载体，以旅游惠民、富民、推动"民族团结进步先进地区"的目标。琼吉拉姆也从中获益。如今，她已经摆脱了贫穷，成为了一个富有的人。

2012年，在桑日县旅游局的资助下，琼吉拉姆贷款5万元创办了一家家庭旅馆。如今，人们的生活水平不断提高，

对健康问题的关注也日益增加。温泉富含矿物质,不但预防各种病症,还具有保健、美容等作用,泡温泉是一种很好的养生方法。可通过泡温泉消除病痛、消除疲劳、恢复青春活力。

随着桑日县境内旅游东环线和小南环线油路贯通,现在去雪巴村泡温泉的人越来越多。以前的旧屋不能住人,前些年他们为了迎合客户的需要,盖了新的房子。盖房子的钱,全靠开酒店赚来的,以后的日子,一定会好过的。琼吉拉姆的家庭旅馆,不但有当地的客人,而且还有山南市和拉萨市的常客。有时候,甚至遥远的农民和牧民也会到这里来。所谓酒香不怕巷子深,这句话一点都不假。

(2)重庆潼南十里花海

潼南区有"西部菜都"的美誉,拥有100多平方千米的蔬菜基地。距县城之东8000米的梓潼街道李台村东升茶山,山青水碧,风景秀丽,是国家级的农业旅游示范基地,全国重要的旅游观光示范点。潼南全区油菜种植面积达30万亩,其中以油菜花集中展示区崇龛镇就有35000亩,开花期形成一片金灿灿、金碧辉煌的花海,被誉为"中国最美丽的花海"和"重庆最美丽的春天"。崇龛青岗村在各个景点摆放着"春耕""孝子""儿童牧牛""古纺麻线"等景观。同时,还将组织热气球游览,让游人乘坐热气球,俯瞰万亩花海。另外,新建的油菜博览园,种植了 34 个地区的油菜品种。

重庆潼南十里花海的主要经验是:一是开展节庆活动,大力推广。通过组织大型节庆活动,对潼南乡村旅游资源和产品进行宣传和推介。潼南区崇龛镇以"油菜花节"为引子,结合各乡镇的历史文化,先后举办了潼南双江古镇民俗文化节、陈抟家乡菜花节、蔬菜博览会、太安鱼美食节、玫瑰花节、桑葚节等六个大型的旅游节会,让游客们吃得开心、玩得开心。二是要根据旅游者的需要,完善相应的辅助设施。为了防止油菜花节的道路拥堵,沿途的高速公路都增加了安全围栏,对交通道路进行了彻底的整修,同时还修建了新的停车场、接待中心、宾馆和农家乐,每天的接待人数将超过一万人。三是要大力发展旅游产品和项目。除了发展油菜花、陈抟祖师铜像项目外,还发展了游船、热气球、主题徒步活动,以及"开心农场"项目。

(3)安徽省蚌埠市禾泉农庄

农庄内有皖北最大的生态饭店、农庄的黑毛生态养殖示范场、梅花鹿苑、果园鸡场、有机蔬菜基地等,为游客们品尝农家美食,提供了天然、新鲜的食材。农庄拥有生态会所,生态咖啡厅,生态客房,草坪婚礼,露营烧烤,拓展训练,越野训练基地,安徽规模最大的石榴盆景园,锦鲤观赏池,特色石榴园、垂钓塘、香油坊、传统酿酒坊，以及遍布整个农场的数百种植物，都是独一无二的，引人入胜。自从2001年创立至今，至今已经走过21个年头，从起步到现在，已经是每年接待游客60万人次的旅游胜地，但这条路走得并不平坦，有很多岔路，有弯路，有大坑，有纠结，有沮丧，有彻夜难眠，才有了柳暗花明和峰回路转。

每一家经营乡村旅游的农场，都会追求自己独特的风格，这是农场能够健康发展的根本，来禾泉农庄参观，会让你深刻地感受到，禾泉农庄的乡村旅游，是一种融合了许多文化元素的乡村旅游，这是它与其他大型农场最显著的不同之处。禾泉农庄自创立以来，一直致力于打造农耕文化和大禹文化，并以此为基础，开辟了一条颇具特色的逛吃街，引进了老石家梨膏糖、泥人、糖画、虎头鞋等非物质文化遗产项目，与高校联合创办陶艺工作室、菊花产业园等，与社会各界的文艺爱好者组建了禾泉作家村，萨克斯、长笛俱乐部、钢琴、吉他俱乐部等公益性社团，为农庄增添了人气，也为禾泉农庄增添了文化、音乐的符号，使禾泉农庄的旅游景区多了一种禾泉特有的"气质"。现在的禾泉农庄已从当初为客人提供单纯的吃与玩，发展为好吃好玩有文化的乡村旅游目的地！禾泉农庄21年的发展历程说明：在历经风雨，走过坎途的过程中，要善于在实践中积累经验，企业的发展要沉住气,不贪求大步跑、盲目地做,而是要用一种抱朴守拙的匠人精神去做事业。

2.案例启示

重视乡村旅游推广,发展生态乡村旅游,保护好乡村的人文景观,各地都有其特有的历史和生态禀赋。自然资源旅游是构建现代化城市乡村生态资源的一种基础的旅游核心吸引物,而本土性旅游也是资源旅游一个主要的本质特征。要探索中国地方特色的现代中国乡村,既要充分反映地方文化特点的多样化,又要具备地域特有的民族历史记忆、文化脉络、地域风貌和民族特点等,又要形成符合我国地方实际,各行业具有一定地区特色优势作用的现代化新乡村特色旅游经济和发展的模式。

发展乡村旅游不能削弱传统的地方文明,而是要保护、利用、提升,让它真正作为地方文化的承载。受旅游业发展的推动,乡村地区特别是地理位置优越、自然条件和文化资源保存良好的城市近郊,将逐步形成既有城镇特点又有乡村特色的新型城市化区域。

以重庆十里花海为例,结合当地的历史、文化、人文景观,打造精品线路、节庆活动,提高了景区的质量和知名度。在发展条件比较好的地区,大力发展“农家乐”品牌,以推动“农家乐”向专业化、产业化、品牌化的方向发展,同时,利用各种宣传和市场手段,提高"农家乐"品牌的知名度和竞争力,真正推动当地农民收入和地区经济发展。

二、国内乡村旅游宣传推广案例

1.社交直播带动乡村旅游

"朝辞白帝彩云间,千里江陵一日还。两岸猿声啼不住,轻舟已过万重山。"历经千年,诗人李白笔下的峡江美景也在颠覆传统。最近三峡人家景区的宣传推广也是让人目瞪口呆了一回。借助腾讯播客直播"上刀山,下火海"等特技表演,并用自媒体发布现场图文内容,同时还了联合斗鱼直播平台进行了传播,并利用网络软文进行传播,因此三峡人家获得了许多网络群众的关注。时代变迁,斗转星移,即便是古老严肃的景区也需要破旧迎新,改变一下古老而传统的传播方式,毕竟这是一个不追随潮流脚步就会被淘汰的大环境。这次三峡人家也算是越来越先进了,利用社交传播方式来进行宣传推广,通过受众分享传播,获取有效的口碑宣传。

2.影视剧带来旅游热

宁夏永宁县闽宁镇是个纯移民乡镇,各级政府和群众经过二十多年艰苦卓绝的努力,把闽宁镇这个漫天尘土飞扬的"干沙滩",变成了全国攻坚脱贫模范示范点的"金沙滩"。电视剧《山海情》的感人剧情抓住了观众的心,该剧的热播搅热了闽宁镇的旅游市场。乡村旅游的本质是人们追求差异化的生活体验,城市化进程越快这种差异化就越能引起共鸣。

由这两个案例可知,构建以游客为中心的宣传点,是将乡村旅游资源转化成经济效益的重要途径。因此,分析人民群众的认知程度和情感体验的差异,选取合适的宣传途径,才能让乡村沉睡的"资源"火起来,才能培育壮大当地特色优势产业,从而带动群众增收致富,实现农村向现代化转型。

三、乡村旅游宣传推广渠道——新媒体

随着旅游市场的不断发展,凭借地方特有旅游资源及文化资源,乡村旅游的市场占有率在不断提高。为了有效推动乡村旅游的发展,应加强对乡村旅游的推广。互联网技术普及和高速发展加快了信息传播速度,简化了大众获取信息的方式,极大地缩短了获取信息的时间。在营销推广过程中,应及时调整和转变传统推广模式与营销思维,利用互联网与新媒体技术实现信息的高效发布与更新,从而

更好地去适应旅游市场的发展变化,为游客提供更多优质的产品与服务。此外,新媒体的应用可以帮助乡村旅游资源管理者及时洞察社会热点,寻求提升旅游产品价值的策略,更好地服务于消费者,最终提升乡村旅游知名度,打造乡村旅游特色品牌。

1.新媒体背景下乡村旅游推广渠道

新媒体背景下,充分利用新媒体平台进行乡村旅游的营销推广是乡村旅游发展面临的新机遇。当前的新媒体推广渠道主要有9大类:微博(官方微博、微博广告)、微信(微信公众号、微信群、微信个人号、微信广告)、问答平台(百度问答、360问答、知乎)、百科平台(百度百科、360百科、互动百科)、直播平台(快手、抖音)、视频平台(腾讯、优酷、爱奇艺)、音频平台(网易云、QQ音乐、酷狗音乐)、自媒体平台(微博、自媒体、头条号、网易号、搜狐)和论坛(豆瓣、贴吧、天涯、晋江论坛)。

近年来,随着人们生活水平的提高和生活压力的增大,乡村旅游成了新宠。但是,需求得不到满足和优质的乡村旅游资源没有推介出去之间的矛盾越来越明显。在信息时代,利用新媒体渠道进行乡村旅游资源的推广十分必要。

(1)微博

作为当今最广泛、最流行的交流工具,微博的作用和受众也在不断的扩大,从娱乐八卦、社会新闻、时尚资讯、文化交流、商品广告等,已经成为信息资源的传播、信息共享的重要平台。微博自媒体的传播速度很快,也很及时,通过微博,可以快速地锁定目标群体,增强用户的黏性,增强广告的针对性。博主可以通过自己的号召力、流量等手段,编写有关乡村旅游的硬广、软广来进行乡村文化的宣传,从而吸引更多的人加入到乡村旅游中来。

(2)微信

微信已经取代了传统的短信,成为人们最常用的沟通方式,拥有大量活跃用户,微信的群功能、朋友圈功能、公众号等功能,为广大的农村旅游市场开拓了一片新的天地。宣传人员可以利用微信、微信群、微信公众号等方式,以文字、图片、语音、视频等形式对乡村旅游进行宣传。此外,还可以设置微信公众号,设置资源介绍、线路查询、商品自助下单、在线客服等服务,方便广大微信用户,进一步推动乡村旅游相关产品的推广。微信也是一个很好的宣传平台,可以在微信上发布一些关于乡村旅游的信息,用来吸引客户购买和参观。

(3)问答平台

最近两年,知乎、百度问答、微博问答、360问答等这些问答平台都是非常成熟的,市场推广也越来越好。在新媒介营销中,智能问答平台的功能日益显现,与各种搜索引擎相结合,在精准定位、丰富营销内容等方面都有很大的优势。通过问答平台,交流乡村旅游产品,交流乡村旅游经验,宣传乡村旅游特色产品,取得了很好的效果。

(4)百科平台

相比于其他的新媒体,百科在宣传内容方面更有说服力和公信力。常用的百科网站如百度百科、互动百科、360百科等,一般都是在网上排名比较靠前的,而且受使用者的信赖程度也远高于其他网站,因此,为乡村旅游开发提供全面、详尽、优质的百科资料,对于乡村旅游目的地的宣传将会起到很大的促进作用。

(5)直播平台

在这个全民明星的年代里,"流量"已经成为了一股不可忽视的市场力量。由于直播的直观性、互动性等特点,使得许多直播人员、直播产品都能成为"流量""流量产品""流量地"。因此,应该积极利用抖音、快手、花椒等直播平台,在乡村旅游景点直播、乡村传统节日、重大活动、特色景点、特色旅游产品体验等直播,吸引观众到直播地点去旅游、体验。

(6)视频平台

现今,腾讯视频、优酷、爱奇艺是三大视频平台,通过制作、上传一些优秀的乡村旅游宣传片,组织一些关于乡村旅游的短视频大赛等,从不同角度、不同侧面展现乡村旅游目的地的面貌、文化内涵、民风民俗等,吸引游客到来。

(7)音频、自媒体、论坛

在常见的音频平台制作宣传音乐、广播,通过微博、自媒体、头条号、豆瓣、贴吧和马蜂窝等公共论坛,都可以进行乡村旅游资源的宣传推广,吸引更多游客到乡村旅游目的地游览、体验、观光。

四、乡村旅游宣传推广策略

1.优化宣传内容,建立完善的旅游产品服务体系

《第四消费时代》中描绘欧美、日韩等现代化发达国家在经历了大量生产、消费和追求更高级产品的消费之后进入的新消费时代。人们在经历了崇尚时尚、奢侈品,注重质量和舒适度之后,进而过渡到回归内心的满足感、平和的心态、地方的传统特色、人与人之间的纽带上来。这就是所谓的"第四消费时代",经历了现代化社会第三消费时代消费"折磨"的人们,开始回归本性,向往自然质朴纯真的生活,而乡村旅游正为人们挣脱工业社会的"精神空虚",从高度紧张的欲望症候中得到救赎,进而寻找内心中纯净美好的

舒适区,所以,乡村旅游的宣传内容打造应以此为契机,重视挖掘第四消费时代的用户最需要的"感觉",满足用户全身心投入体验,回归自然本真的需要。可以从以下几点进行优化:

(1)私人定制旅游线路

乡村旅游从传统上来看一直处于原始状态,缺乏专门的景点选择、路线规划、购物消费等的专业定制团队,游客只能凭个人认知自由安排。这样的旅游方式没有充分挖掘用户潜在需求,使得乡村旅游具有盲目性。因社会的发展,科学技术的进步,旅行者对消费有着不同需求,人们更迫切需要个性化的旅游方式。因此,优秀的景区路线规划就成了吸引游客的一大亮点,一份好的景区线路规划不但需要与旅行社、农户进行沟通,更需要与游客进行有效的信息确定,不断地针对目标人群优化路线设计,因此,乡村旅游应该根据用户属性、旅游动机、行为习惯、爱好选择等制定出有针对性的景区旅游线路。

(2)加强用户反馈渠道建设

在乡村旅游宣传中,不能单方面去思考游客的需要,要真正了解游客所需,就要建立反馈机制,增加游客反馈渠道,并根据反馈及时更改处理。可以在网络端、手机端开发景区专属页面,开通网络意见反馈渠道,鼓励游客通过匿名身份进行评论,还可以通过微信、微博、论坛等增加互动性,不仅仅可以增强用户的体验舒适度,还能够有效避免对乡村旅游产生消极影响。因此,在新媒体环境下。以用户需求为服务宗旨,以旅行者的满意程度为评价指标,以游客的反馈作为景区后期建设、宣传跟进的依据是乡村旅游发展成败的关键。所以,乡村旅游应该加强用户反馈渠道建设,即时对用户的投诉建议进行高效处理,并建立系统完善的舆论应急预案体系。

2.完善宣传路径,制订科学有效的新媒体宣传矩阵

(1)强化微信的熟人社交模式

首先,优化公众号排版。封面留意尺寸、正文配图外观考究、文章字号选择适中,文字颜色不能过于杂乱,注意图文行距和页边距、在编辑文章的时候尽量形成属于独特统一的风格,提高辨识度。其次,图文信息的精品化、增强软文推送的故事性、可以与旅游达人、专家、资深撰稿人合作。

其次加强与用户的互动性。利用朋友圈转发抽奖活动机制,以"互动惊喜"激发粉丝热情,增加潜在用户自动帮助宣传的可能性;举行当地"乡村旅游"话题等活动,增加用户参与度。同时,可以将用户转化为会员,实行积分制度,获得用户的更进一步依赖。其次,实行各种形式的优惠,绑定用户消费数据,通过会员的消费积分情况建立相应的景区门票、购物、住宿等优惠制度,增加用户的黏性。此外,旅游公众号应该不断挖掘、适应用户变化的需求,及时更新改进服务项目,增强旅游公众号的适应力和创新力。

最后可以与视频号结合。微信视频号于2020年年初开始内测后正式运营,用户可在微信的"发现"中看到"视频号"入口,进入后可浏览不同账号发布的图片、视频等内容,关注并通过点赞、评论等形式进行互动,创作者可发布的视频时长为1分钟以内。视频号以微信平台强大的社交功能作为依托,依靠微信众多的潜在用户,有着非常强大的用户和内容生态圈,发展潜力巨大,因此,乡村旅游的宣传可以充分利用微信新增功能——视频号、看一看——进行宣传。

(2)重视微博意见

首先,增强内容原创性。要想使微博账号发挥其宣传作用,就需要有一套完善的微博运营机制,不仅需要在内容选择、内容策划上增强符合微博用户阅读习惯的文案技巧,趣味性和深度结合,更需要在"原创性"上下功夫,原创微博应以乡村旅游特色为创作背景,充分展示当地民族文化、美景美食、建筑风格等,可充分利用微博既可以发视频又可以通过链接获取长文等的优势,将文字与视频充分结合,打造既适合微博页面又充分展示乡村旅游的推送模式。

其次可以与微博主合作。乡村旅游的宣传如果能够和他们合作,通过他们进行评论或转发相关信息,将会获得较好的宣传效果,如果能够邀请他们到乡村旅游景点体验,通过他们对该景点进行传播,使受众通过他们的视频创作、直播等产生对旅游目的地的向往将会极大地增加景区的知名度和吸引力。

最后还要重视推送的频次和时段。应在充分了解用户使用习惯的基础上设定微博发送频率,例如早上8点-9点是上班早高峰时间,人们会利用乘车的碎片时间刷微博,快速了解热门信息,因此这个时段的微博应该注重权威性、时效性、以短小、简洁为主。中午12点-2点为中午休息、午饭时间,这个时段的微博可以发送美食推荐、景区美食打卡等。而晚上9点后是一天最轻松的时段、主要是个人娱乐时间,这个时段宜推送有趣、娱乐性较强、风格特色浓郁、形式变换多样的微博,可多推送原创视频、精品文章、设置话题,充分与用户讨论、互动等。到了深夜11点-12点是睡前时间,这个时段人比较感性,喜欢看一些情感类的东西,就可以结合这一点来发布一些情感类的文章,可多提前搜集一些关于旅游感情色彩浓郁的软文在这个时段推送,也可以增加晚安语录等能让用户深夜敞开心扉的文字。

(3)注重抖音短视频运营

第一,要充分了解抖音的算法机制。比起微信公众号、网站内容的精品化内容,抖音平台更加注重运营,实现流量变现一直是抖音运营的宗旨,乡村旅游想要在抖音上获得更好的宣传,实现引流,就必须先了解抖音的运营模式和算法机制。抖音用户每发布一个作品,会先投放在一个较低流量池中,如果得到了足够的"正向反馈",那么该作品将升级到较高流量池中,从而将会获得更多的曝光量。因此在抖音上,并不是你的视频制作、拍摄手法越专业、表达的内容越丰富越容易被人看见,往往大多数是发布出去后没有几个人观看,没有观看量就没有点赞量,就达不到引流的目的,因此我们还需了解抖音用户数据,通过用户喜好来确定视频风格和内容取向。

第二,将用户行为数据运用到抖音运营中。数据显示,抖音用户中,一二线城市用户最多,将近占据一半的比重,男女比例大致为4:6。抖音里的视频分为多种类别,其中有一些类别受到大众青睐,比较容易成为热门视频甚至爆款,而这些爆款内容占比最高的是颜值类,占比32.4%,其次是歌舞类、搞笑类等,此外抖音发展至今,依旧保留了对音乐的偏爱。乡村旅游在做视频时,可以参考这些热门类别,找到自己的内容的方向和定位。

(4)优化旅游网站的精品化服务

第一,网站框架合理化,交互设计便捷化合理的网站分类体系能使用户在短时间类检索到自己想要的信息,因此,乡村旅游网站框架不仅要注重向用户传递可靠的信息,还要根据能进行合理地分类、排序。网站设计也要重视用户的行为习惯、偏好、阅览足迹等,将庞杂的、无序的内容结构化,以达到方便旅游者使用的目的。网站最终的价值也是通过用户的点击量来衡量。乡村旅游网站的建设需要充分考虑用户需求,针对性地提供相应版块的内容,让增强用户的体验感,使乡村旅游网站建设真正适应用户需求。

第二,网站界面美观化、个性化服务。网站界面是最先呈现给用户的部分,展示着每一个不同版面的"面子",美观简洁又富有趣味的页面能够激发用户浏览的兴趣和今后继续使用的欲望。因此,乡村旅游网站的页面设计应注重视觉效果以及感官体验。同时,可通过颜色分配、所占比例、图形形状、位置大小等视觉特的不同配比及变幻方式的来呈现不同的信息,例如活泼有趣的信息可采用鲜艳夺目的色彩、活泼的动画、可爱的图形、生动有趣的音效来提起用户的兴趣,增加用户的感官体验;而重要数据信息的设计也可采用图标演示、3D动画等方式,使数据更加清晰明了、可观赏性更强。

第三,网站内容及时更新,加强安全建设。乡村旅游网站建设时,需要充分考虑到网站访问速度,运用一些技术手段提升本网站的访问速度,对网站及时进行维护,避免访问人数过量导致系统"崩溃"等一系列问题。 同时,也要注重访问的安全性,要保证旅游者在此网站进行购买支付、预定查询、输入个人信息等操作时,得到安全保障。此外,要及时对网站的内容进行维护更新,尤其确保是门票价格、交通路线、酒店地址、游玩项目等准确无误,因为这些对旅游决策起着至关重要的作用。

(5)展开线上线下营销生态闭环

一方面,通过线下营销模式,全面展现基础设施建设形态。在传统营销中加入情景模拟等新型体验服务,从而为旅客建立全域旅游意识与全域旅游文化感受。对配套设施与相关联产业而言,其充分利用便利化条件和直接性线下营销,为旅客提供全域旅游体验。线上营销方面,借助大众点评等各类网络旅游平台,为旅客提供全域旅游全国服务攻略。利用3D立体技术加强旅客消费体验感,打造沉浸式营销。通过O2O全方位体现旅游区域各类要素并建立自助规划程序。另一方面,利用"旅游+互联网",注重全域旅游视角智慧营销。"旅游+互联网"模式是全域旅游发展过程中的重要方向,在旅游营销中起着举足轻重的位置。旅游景区,增加游客旅游的内容。这样就可以从点到线,由线连成面,整个片区的景点都被包括其中。

(6)全域整合资源,创新产品供给

第一,深层探析民俗文化内涵,使乡土风情、乡土情感与乡土民俗得以宣发。全域旅游视角下的乡村旅游市场营销应从乡村景观拓展至乡村居民生产生活习性与风俗,着力加强乡村与乡土特色文化开发与利用。

第二,依照乡村本土特色,挖掘与研发多元化旅游商品。乡村旅游商品要集中展现全域旅游乡土特色、民族特色和区域特色,以此增强全域旅游体验。

第三,依托当地传统节日特色,开发节庆体验产品。举办本地乡村民族节庆活动,策划各类体验性项目、创办各类瓜果节、美食节、蔬菜节等乡村节事活动。总之,要尽可能挖掘本地特色的乡村资源,将"农业+旅游""渔业+旅游""文化+旅游"等产业融合的文章做足,丰富全域旅游"吃、住、行、游、购、娱"一条龙产品体系。

第三节　乡村旅游经济的生态化转型

一、我国乡村生态旅游的优势

1.良好的大环境

目前,我国的旅游发展势头很猛,已经是一种快速发展的新行业,也是一个重要的经济增长点。近几年,到中国来参观的国外游客越来越多,旅游业的繁荣是我们国家旅游业发展的必然趋势。近年来,国家出台了"美丽村庄"等新乡村的概念,为乡村经济发展带来了良好的发展条件。

2.乡村生态旅游资源丰富

我国乡村生态和旅游风景资源比较丰富且旅游景观多样。烟雨朦胧下的江南小镇、林木葱郁繁茂的山村、地势复杂奇险秀丽的高原村落等美景。

中华5000年的历史积淀,也造就了各民族的风俗习惯，形成了自己特有的节庆、美食等。

3.乡村生态旅游客源充足

快节奏经济下带来的现代都市信息化发展时代，生活在现代大型的城市生活圈中的城市人压力会相对普遍较大，因此有很多人也都选择在节假日离开繁华的城市，奔向一个安逸舒适宁静的乡村生活中，去享受这闲暇的舒适休闲的时光，或去漫步林中，走进万亩的桃花林，或是去乡村田野上踏青，或是在山野丛林之中去探险，或是去郊外登高远眺，在可以充分感受亲近大自然美景魅力的同时也会放下了所有的烦恼，重新出发重新思考自己生命的意义。另外，乡村旅游产品的各种消费都比较合理，且经济条件一般的游客也能够承受。

二、乡村旅游生态化转型案例的经验借鉴——五朵金花

成都市锦江区三圣乡以"花香农居、幸福梅林、江家菜地、东篱菊园、荷塘月色"著名的"五朵金花"乡村旅游发展模式中，它将生态化旅游模式与可持续发展的思想相结合，将中国乡村风光、居所、文化、民俗风情、生产发展形态、生活发展方式等诸多因素结合在一起。它在实际发展过程中，也能够很好地体现出当前乡村观光与农村区域发展的

理念,以及如何强化农村生态环境的协调与生态的联系,平衡地应用到了当下我国特色城市经济开发模式,与传统农业乡村旅游融合一体化发展的战略上,形成以下优点。

1.五朵金花

(1)花香农居:围绕中国花卉基地的发展,全面、深入地发展与旅游产业相适应的现代农业,举办各类花展,推动人口聚集。大力发展高技术的花卉种植和农家乐。以3000多亩花卉种植园为基础,发展以观光赏花为主体,以花卉科研、生产、包装、旅游为一体的综合性观光、休闲观光农业。

(2)幸福梅林:用3000亩坡地培育20万株梅花,建成了以"梅园"为主体的"梅园"景观。发展农家乐、梅林观光产品及科学普及等方面的作用。农居建筑以"川西民居"为特色,以"梅林文化走廊""照壁""吟梅诗廊""精品梅园""梅苑"等特色文化为背景。

(3)江家菜地:将500余亩的耕地按0.1亩划分为一片,以800元一年的租金出租给城市居民,鼓励居民和孩子们发展环保工业。发展蔬菜种植业,开发生态体验型观光、休闲观光。以3000多亩的时令蔬菜、水果基地为载体,以"休闲、劳作、收获"的形式,让游人认种土地、认养蔬菜,在体验农业中共享收成,把田间耕作的过程,变成全新的健康休闲方式。

（4）荷塘月色：以现有1074平方米水面为基础，开发沿海地区的生态环境，建设人、水、莲、蛙等生态环境。发展"乡土文化"体验型旅游，实施"锦江学院""国学文化"文化旅游。以百余亩荷花池为背景，借助天然的山水营造出一种文化氛围，在公路两侧设置不同姿势的艺术雕像，并吸纳中国著名油画家、国画家前来参与艺术创作，万福画意村逐渐成形，让荷花池的月光焕发出独特的艺术魅力。

（5）东篱菊园：以山地为基础，建设菊文化村，以培育菊花、赏菊、品菊为主要内容。发展菊花观光，养生养老，乡村旅游。东篱菊园符合现代人返璞归真、回归自然的内心理想，其精致的乡村旅馆形成了一种集居住、休闲、餐饮、娱乐于一体的特色工业，为城市人、旅游者、退休老人提供了一个既可长期租用又可暂居的"乡村酒店"，让民众有更多的时间享受休闲乐趣。今日的东篱菊园，是一座以菊文化为主题的乡村旅游度假地。

2. 资源整合，科学规划设计

"五朵金花"公司在发展过程中，一直在不断地借鉴、创新发展方式，始终贯彻以规划为龙头，以农业作支撑，以旅游为载体，以市场为主导的这个整体工作思路。该项目以培育花卉生产为切入点，通过对旅游植物资源、土地、花卉、水资源等进行科学地培育与开发，使它们得到合理利用，提高农产品的文化经济价值,保护了旅游自然及其生态景观要素的生态多样性和资源完整性。建设"现代化田园之城"已经是成都市的一个重要的品牌,它力求将现代化的都市与社会主义农村的长处结合起来,使广大农民群众既可以享受上高品质健康的绿色城市生活,又能够同时享受美丽惬意迷人的农村田园风光。

3.因地制宜,完善村落功能

"五朵金花"以其独特的思维方式,利用自身的地理位置优势,使原来的村落发展呈现出"错位发展"和"互促"的局面。三圣乡对3000多户旧居实施了"宜拆则拆、宜建则建、宜改则改"的改造,突出属地特点,将原来的6个行政村开发了5个景区。为使"五朵金花"更加自然、有序、生态化,并将农村的群众主动聚集到社区,学校、农贸市场、社区公共服务站、健身器材等公共设施建设都极大地改善了乡村的生活条件。要避免发展的同质性,不使乡村的文化内涵流失,必须强调乡村旅游的特点,建立一个主题村庄。"花香农居"已经发展成为一个主要的旅游景区,主要是盆花、花卉和旅游业;"幸福梅林"是以梅林为中心,以梅园为中心,发展梅林的旅游产业;"江家菜地"将由农耕推向休闲观光化,实现城乡互动;"东篱菊园"强调菊科植物多样化,拓展菊圃面积,形成"环境、人文、菊韵、花海"相结合;"荷塘月色"以其优美的田园风光,而被称为"艺术村"。

4.景观打造,提升生态技术运用

"五朵金花"以园林绿化为重点,依据都市化的要求,构筑基础设施,健全服务配套。一是加快发展的基础建设。根据总体的计划,以城市道路、燃气、污水等为主要民生基础设施,加强乡村信息、光纤、卫生、服务等基础设施的配套。成都市锦江区三圣乡共投入9745万元,用于水利、电、路、气、污水等基础设施的修建,形成了一个完善的生态系统。公司和农民共投入8000万元,在农居改造、花卉市场、游泳池等基础设施建设上。二是对乡村房屋进行了美化。本着以人为本的基本原则,结合生态学的基本思想,结合生态均衡与可持续发展的设计思想,对川西民宅与仿欧式建筑相互映衬,营造出一道亮丽的景观。三是营造生态型园林。建设湿地、绿化、绿化、建设"微水源"工程、"农业文明记忆""牛王庙""梅花节""菊博会"等活动,营造"文化氛围",吸引人气、传承文化,创造良好的生态环境。

5.统筹发展,优化产业融合

"五朵金花"充分发挥城市郊区的作用,在城乡一体化的基础上,提出"政府主导,集体运作,农户参与"的发展思路,既要把旅游和休闲旅游结合起来,又要做到旅游和农业的交叉和渗透,优化乡村产业结构,增添传统农业附加值,提高资源利用率。其中,"花香农居"的花展、"荷塘月色"的滨湖旅游、"东篱菊园"的菊花、赏菊、品菊基地、"幸福梅林"的规模化梅园、"江家菜地"的市民认种等多种经营方式,形成了"一村一景一业"的旅游休闲农业,并不断丰富着"食、住、行、游、购、娱"的特色,以满足各层次的游客的需求。"五朵金花"农家乐300多个,接待国内外游客上百万。是发展壮大现代农业的主导产业。以土地为依托,成立了七家新型集体经济公司,包括"东篱菊园""红砂花乡",发展花卉种植、设施大棚种植等。同时,还成功引入了成都维生、上海大地、台湾汉高等农业产业化龙头,实现了年营业额突破1000万元的规模。真正做到了"离土不离乡,就地市民化"保证农民失地不失利、不失业、不失权。农民不仅享有较好的居住条件和生活环境,还享有种田收入、出租农宅租金、经营农家乐、在当地龙头公司工作的工资、土地流转后的土地分红等多种收入,确保了农户的权益。

6.融合文化要素,深化生态内涵

"五朵金花"农家乐的发展,打破了传统农家乐只注重观光的农业休闲观光旅游模式,注重对乡村文化的精神价值的进一步深入挖掘,重点也在于更加突出地反映了川西农家乐的浓厚农家特征,充分反映了中华农业的历史和文化,形成了五个具有地方特点的现代化农业生态景区,从单一的农业观光与农业技术的研究生产转变,转变为一种吸引大量普通农村市民游客参加生产体验、休闲农业观光旅游的新型农耕文化活动,是现代都市文化产业的旅游产品,与传统观赏和农业产业休闲旅游和观光产业相得益彰。以乡村为舞台,以生态美景为核心,以文化为灵魂的乡村观光产物,既能适应乡村旅游的消费需要,又能增加乡村旅游的附加价值。为充分利用文化资源优势,积极整合文化资源,培育和发展成都文化创意产业,构建创意村、画家村、雕塑村、摄影村、民俗村五大特色文化村,努力创建"三圣花乡"。第一座现代画廊为知名的设计者提供了一个展示他们的作品的平台。这一系列的革新,使景区的参与性、互动性、趣味性得到了显著的提升,同时也挖掘出了可持续发展的意义。

三、乡村旅游生态化转型创新发展策略

要实现"生态化",走出"反生态化"的现实,必须认识到发展乡村旅游是一项系统性的系统工程,要把新农村与美丽乡村的发展结合,从建立生态化的乡村旅游体制入手,及时调整乡村旅游产业结构和产业布局,加强生态基础设施建设,加大资金投入和技术支持,为旅游产业生态化转型提

供有力支持和保障。

1.以生态经济和谐发展为核心,满足生态需求

在发展乡村旅游时,保持原始的乡土文化是其出发点和目的,因此,要促进乡村旅游的发展,除了要加强各项基础设施的完善和建设,还要充分发掘各类乡村文化资源,使其具有良好的生态和人文价值。只有如此,才能使乡村旅游中的乡村文化得以最大程度地保存和向广大的旅游者展示。乡村旅游不仅仅是单纯地从乡村经济发展到城市经济,而是要充分利用各种生态经济学的理论来促进新农村的生态文明建设。旅游资源是发展旅游业的基础,发展绿色生态旅游,是实现农村经济发展的必然选择。

2.以旅游特色城镇建设为导向,实现生态转型

在以往,乡村旅游产业在发展的过程中多依赖本地的相关资源,有农户等自发形成,其大多产品单一,非常分散,不具备规模效应与聚集效应。很多乡村旅游经济多停留在初级阶段,其主要目标是创造经济价值,实现农民的脱贫致富。在这一阶段下,相关主体往往会忽视生态破坏,很多小村庄根本无力满足大规模游客所带来的资源需求,生态环境开始恶化。大部分的乡村旅游都是依托于自然村落而发展的,其在空间与地理位置方面受到约束,应对其进行有效规划,突出其旅游功能。只有这样当地农户才会积极投

入到建设过程中。

在旅游特色小镇的建设中,过去的乡村、企业的状况必须全部发生变化,从分散的、隔离的角度,转变为规模效应和集聚效应。在发展的具体过程中,要注重区域差异化的优势,实现产业规模的发展,逐步建立旅游社区,提升产业的整体带动效应。生态化是建设具有特色的旅游小镇的一项重要战略。同时,要加强相关旅游产品的开发,形成层次分明的结构。在一定地区,虽然大多数的乡村旅游都是农家乐,但是要不断地丰富旅游产品,使之具有当地特色。

3.以环保技术为支撑,深化绿色乡村发展

"生态是永恒的经济""永恒的生态才是真正的美丽"。当前,我国乡村地区的经济、社会发展状况较差,生态环境相对较脆弱,这就要求乡村度假旅游生态发展需要承担起保护乡村生态环境的功能,进一步加快区域经济社会统筹发展建设的双重重任。所以,要以和谐的生态观为指导,以低碳为基础,以科学的方式发展,提高景区的质量,这是我们实现乡村休闲度假的一种行之有效的新方法。乡村旅游发展的重点在于通过科学地使用先进的生态技术,提供高效低污染的环保生活产品,鼓励和引导游客学会自己在家动手生火做饭、节水、环保、节电,改变每天必须更换一条毛巾洗脸的传统旅游业惯例等;在室内装修、公用设施

等方面,尽可能选用具有乡土风格的家具,使用本地沼气、太阳能光伏等洁净能源,水库承接天然雨水循环灌溉;在整合发展乡土风情、民俗文化等自然文化资源的同时,要把它与当代创意休闲产业、文化产业、智慧城市产业有机地有机结合起来,深刻地挖掘地域人文价值,寻找更多种艺术表现形式。

4.对乡村旅游开发进行整体规划,注重品牌建设

坚持因地制宜、实事求是原则,从当地实际出发,对乡村旅游开发进行整体规划。合理布局不同类型的旅游产品,加强道路、餐馆、景区服务设置等建设,为广大旅客提供满意的服务。发挥生态文明建设理念的指导作用,应用生态技术,培育并发展生态旅游产业。乡村旅游开发生态化转型离不开科学技术支撑,要发挥生态技术作用,提供低碳环保产品,景观设计时就地取材,利用太阳能、地热能、风能等,完善景观设计,节约资源能源。

在生态文明理念指导下,要善于挖掘乡村风土人情和文化资源,发挥创造性思维,开发创意产品,彰显产品特色,打造乡村旅游品牌。乡村旅游开发的生态化转型应注重环境与人文的融合,注重挖掘产品的人文价值,将人文与生态有效融合,并彰显产品的生态内涵,实现"一村一品""一村一景",更好地满足广大旅客观光旅游的需求。此外还要将生态特色产业转化为经济优势,生态化转型的目标是推动生态与经济效益协同发展,融合自然景观、乡土文化、生态文明建设、生态技术,为广大旅客创造丰富的旅游体验,更好地满足市场需求。进而拓展并延伸乡村旅游产业链,让乡村旅游开发取得更好的生态效益和经济效益,促进环境保护的同时提高当地居民生活水平。

第六章

就业政策记心里　美丽城市欢迎你

第一节　进城务工规划好,美好生活少不了

一、求职前我们要做什么准备

职场如战场,有很多人都觉得找到合适的工作很难,所以我们在求职前要做好充分的准备。首先要做好心理准备,要能认清楚自己的实际情况,知道自己想做什么,能做什么,根据自己的能力选择适合自己的工作,调整好自己的求职预期,把握好求职过程中的每一个环节,相信自己不断努力就可以成功。其次要准备好求职过程中所需要的东西,比如个人简历、求职信、相关证明等。简历要坦诚,不可以作假。求职信既要说明自己的能力又要表达自己对这份工作的热忱。相关的证明材料比如身份证、获奖证书等可以准备几张复印件备用。

二、在租房时我们要注意什么

在外出务工的时候,很多公司都是无法提供住宿的,这个时候,就需要自己去租房,在租房过程中也要注意一些陷阱。

1.虚假宣传

我们在网络、报纸等媒体上可以见到一些看起来地段好、条件也好的房屋而租金却很低廉,事实上这种房屋并不存在,只是为了吸引租房的人。等到租房的人信以为真的时候,中介就会说刊登的房子已经租出去了,接着推荐一些租金高,条件不好的房子来骗取租房人的看房费等。针对这种情况,可以通过向有租房经历的熟人请教,了解他们所熟悉地域的房屋租金价格,也可以咨询一些正规的中介公司或者参考国土房管部门发布的房屋租赁指导价。

2.乱收费

有个别的中介收费名目繁多,例如看房费、信息费等各种各样的问题。当想要租房的人找到中介时,中介立马就会说有合适的房子,但是需要交一定的押金才可以看,理由一般是为了防止租房子的人和房东直接联系以后就可以绕过中介。每次租房的人要求看房子的时候中介都会找各种理由,类似房主有事儿不能来等各种拖延,总之不会退还押金。遇到这种情况就需要你学会辨别一些不法中介,这些中介的特点一般是办公室比较简陋、有求必应、价格十分便宜,还要求你先交定金。

3.冒充房东假租

有的骗子会去租一套房子,接着冒充房东把房子转租,然后就带着租金跑掉了。为防止发生这种情况,租房时要查看房主的房产证或者购房合同,如果是帮助朋友出租也要有委托书、房主的房产证和身份证。

下面给大家介绍几个有关租房的诈骗案例:

案例一:市民王先生最近一直在网上寻找合适的房子,一天他突然在网上看到了一则招租信息,于是租房心切的王先生便与对方取得联系,通过电话联系之后得知对方是一个女房东,其声称最近联系她想要租住这个房子的人很多,因此催促王先生如果想要租房的话还得尽快确定下来,不然这个房子就很有可能被别人租走了,但想要租房的话需要提前预付2000元押金,王先生因为想要尽快将这个房子确定下来,便通过网上通信软件查看了对方的身份证之后便将押金转给了女房东,同时他们约定第二天去现场看房,但到了第二天,王先生发现女房东将其拉黑,电话也无法接通。

案例二:市民刘先生由于工作原因需要租房,在网上看到了李女士发布的租房信息,随即刘先生便与李女士取得了联系,在相互沟通了解过程中,刘先生看中了这套房子便最终敲定要租一年,在查看了李女士提供的房产证和身份证后,刘先生便预付了李女士一年的房租1.4万元,同时约好第二天看房并签订租房合同,但到了第二天当刘先生联系李女士的时候,对方"人间蒸发"了,经过报警调查,李女士是之前交了500元押金之后骗到真房东钥匙和房本照片,然后假冒真房东对刘先生实施了诈骗行为。

案例三:市民张女士在某网站上看到了一条租房信息,在与这个网站上提供的"房东"进行联系时,对方的电话铃声中提醒该电话为某地某租房网站的客服热线,于是张女士便觉得这个比较靠谱,便放松了警惕,在后续的沟通中,对方在电话中说房东已经将房子的出租相关事宜全权委托他们网站进行代理,相关租房程序可在他们的网站上直接进行操作。随后张女士手机上便收到了一个网址,张女士打开网站后发现这与之前所看的某租房网站界面一模一样,于是便按照租房的相关流程支付了500元的预约金及部分的房租,但支付完成后才发现端倪,意识到自己进入了一个钓鱼网站。

三、进城务工人员有哪些常见的技能培训方式

不论是就业还是创业,掌握一定的技能很重要,这些常见的技能培训方式你一定要知道,一般人力资源和社会保障部会组织一些培训班,这些培训班一般信誉比较好,而且培训的内容也是结合具体的工程项目进行,会采取定向式的培训方式,培训结束后可以在有关机构的指导下进行定向的就业。你也可以选择参加职业高中、职工技校、成人中专等这些专门的职业培训学校进行学习。就像烹饪学校、驾驶学校等,这些学校专门从事一些专业技能的培训活动,可以学到一些系统的知识并且在短时间内掌握一定的技术,是务工者们获得专业技能的重要渠道。目前国家用远程教育,通过电视学校和网络学校开设了很多可以选择的专业,可以当作当代农村青年进城务工获得知识和技能的重要途径。很多的农民朋友们在就业以后也可以根据所从事的工作去参加一些在岗的技能培训,来更好地胜任工作。

四、进城务工人员子女如何异地上学

进城务工人员的子女该如何在异地上学,也是个不小

的问题,下面我们来具体说一说。如果户口不在城区,不属于城区学校教育服务区内的学生,按照原则是应该回到户籍所在地读书的,但是如果已经满足了是进城务工子女的条件,并且需要申请在城区就读的学生可以安排在城区的学校就读,如果学校的班级人数没有超过国家和省定标准的班额,也就是小学45人,初中50人,学校就可以安排孩子就读。

家长们只需要带着务工合同、户口簿、暂住证、房产证或租房购房的原件和复印件,在规定的时间到暂住地所属施教服务区的学校申请登记,如果所申请学校的人数已经满额,就可以由区教育局安排到就近的其他学校读书。如果孩子不是刚入学而是需要转学,这个时候就要按照程序来办理转学手续,转入电子学籍,完成转学就可以到附近的学校读书了。

一般情况下,异地就学的程序是这样的:

幼儿园:目前,在异地上幼儿园是没有限制的,因为一个孩子拥有学籍是从一年级开始的,所以孩子的幼儿园可以自由选择,没有任何限制。

小学:这个相对来说有一定的困难,在异地上学必须要有相对稳定的工作,一般要有两年以上的房产证明,孩子的学籍号也要到户籍所在地去取,现在的电子学籍随着户籍走,必须把学籍从户籍所在地转到想让孩子上学的地区并且找到可以接收的学校才可以。

转学:从户籍所在地转学到其他地方必须要填写转学申请并且要说明原因,在经过户籍所在地学校的同意并盖章以后,再把电子学籍转出,转入地的学校接收了电子学籍,就算转学成功,这样你以后高考就不用再回户籍所在地了,可以在转入地进行高考。

借读:如果你是在一个地方临时工作,也不打算在这里长期居住,那同理,孩子也没有必要在这里长期上学,也就是临时地上学,这样你就可以不转学籍,选择借读。借读需要缴纳一定的费用,等高考的时候还是需要回到户口所在地进行考试,这样就只需要办理一个暂住证就可以了。

读完这些相信您也对孩子异地上学的途径有了一些了解了,希望您的孩子可以健康成长。

五、常见的职业资格各等级申报条件有哪些

了解完孩子们如何在异地上学后,下面来告诉大家一些常见的职业资格各等级的申报条件。职业资格证书是一种特殊形式的国家考试制度,它按照国家制定的职业技能标准,通过政府认定的考核鉴定,对劳动者的技能水平进行客观公正的评价和鉴定，合格者就可以得到相应的国家职业资格证书。不同等级的申报条件不同，比如参加初级鉴定的学员必须是学徒期满的在职职工或者是职业学校的毕业生；参加中级鉴定的人员必须是有初级技能证书而且连续工作五年以上或者是经过劳动行政部门审定的以中级技能为培养目标的技工或者其他学校的毕业生；参加高级鉴定的人员要取得中级证书五年以上，而且要连续从事本职业不少于十年，或者是经过了正规的高级技工培训并且取得了结业证书的人员。参加技师鉴定的人员必须取得高级技能证书，而且要有丰富的生产实践经验，能解决很多难题，还要有传授技艺、培养中级人员的能力。参加高级技师的人员要任技师三年以上，而且需要有超级高超精湛的技艺，可以解决很多超高难度的问题，并且可以培养、组织、带领技师进行技术革新和技术攻关。

在提升技能的时候，根据《人力资源社会保障部财政部关于失业保险支持参保职工提升职业技能有关问题的通知》，同一种职业或者同一等级的职业资格证书可以申请并且享受一次技能提升的补贴，而同等级但是不同职业的职业资格证书可以申请多次补贴。其实技能提升补贴政策是失业保险功能拓展的一种具体的表现，目的是鼓励大家提升职业技能和就业竞争力。

　　国家对新生代的农民工培训也有一些具体的措施,根据《新生代农民工职业技能提升计划(2019—2020)》中规定,将从事非农产业的技能劳动者都纳入培训计划,在不同就业形态对应的培训中进行分类指导。比如对于准备就业的人员,如果已经登记了培训愿望,要在一个月内提供相应的培训信息或者统筹组织参加培训。对于已经就业的人员,要鼓励企业重点对新生代的农民工开展一些企业的新型学徒培训。对于建档立卡的贫困劳动力,要精准掌握就业困难人员的基本情况并优先提供技能培训服务。对于创业初期的人员,要进行电子商务的培训。

第二节　城市生活别担心，社保政策来帮您

　　进城务工人员一定要了解社会保险，那么社会保险到底是什么，能给进城务工人员带来什么保障呢？

　　社会保险是指为丧失劳动能力、暂时失去劳动岗位或因健康原因造成损失的人口提供收入或补偿的一种社会和经济制度。社会保险的主要项目包括工伤保险、失业保险、医疗保险、养老保险、生育保险。

　　为了贴近进城务工人员的实际生活需要，下面我们为大家介绍一下这几类保险：

一、工伤保险

　　对于进城务工人员来说，了解工伤保险毋庸置疑当然是最重要的。工伤保险也可以称为"职业伤害保险"，为了

促进工伤预防和职业康复,分散用人单位的工伤风险,国家通过社会统筹的方式,设立专门的基金,对劳动者在劳动过程中遭受意外伤害或罹患职业病,并由此造成死亡、暂时或永久丧失劳动能力时,给予劳动者或其近亲属医疗救治以及必要的经济补偿。工伤保险作为社会保险的一种,用人单位负有为职工缴纳的法定义务。为了让大家在务工过程中详细清楚地了解这类保险,我们为大家举例说明。

问题1:怎样叫工伤?职工在工作园区内滑倒摔伤可以认定为工伤吗?

案例:小刘是某公司的一名职工,一天上午,他受单位领导的指派去机场接人,小刘从公司所在的产业园区商业中心的八楼下楼,想到商业中心院内停放轿车的地方去开车,走到一楼门口的台阶处时,脚下一滑,不慎从四层的台阶处摔倒,当场四肢不能活动。后经医院诊断为颈髓过伸位损伤合并颈部神经根牵拉伤、上唇挫裂伤、左手臂擦伤、左腿皮擦伤。

小刘向区人社局提出工伤认定申请,区人社局作出《工伤认定决定书》,认为根据小刘的工伤申请和医疗诊断证明书,结合有关调查材料,依据《工伤保险条例》第十四条的工伤认定标准,没有证据表明小刘的摔伤事故系由工作原因造成,决定不予认定工伤。小刘不服,向法院提起行政诉讼。

一审法院认为,小刘接受本单位领导的指派,欲开本单位的汽车去完成工作任务。小刘从公司所在的八楼乘电梯到院内停放轿车处去开车,是为了完成工作任务,且其当时并未驾车离开公司所在的院内,不属于因工外出期间,故区人社局所作《工伤认定决定书》,适用法律错误,故判决予以撤销,并责令区人社局限期重新作出处理。区人社局不服,向上级法院提出上诉,上级法院维持了一审判决。

分析收获:《工伤保险条例》第十四条第(一)项规定,职工在工作时间和工作场所内,因工作原因受到事故伤害的,应当认定为工伤。就该规定而言,"工作时间""工作场所"和"工作原因"构成工伤认定的三个核心要素。本案中,各方当事人对小刘在工作时间受伤的事实并无争议。影响案件判定的要素主要集中在是否满足"工作场所"和"工作原因"这两点上。

二、失业保险

国家通过立法强制建立的对因失业而暂时中断生活来源的劳动者提供物质帮助的一项社会保险制度。其做法是由单位、个人缴费和国家财政补贴三方共同筹资,形成专门基金,对由于非本人原因暂时失去工作,致使工资收入中断而失去维持生计的来源,并有重新寻找新的就业机会的人员给予生活保障。具有普遍性、强制性、互济性等特点。

三、医疗保险

也称作"医疗费用保险"。健康保险的一种。为被保险人因疾病或者残疾需要治疗支出的费用提供保障。

四、养老保险

国家和社会根据法律、法规,为保障公民在达到法定退休年龄或因年老丧失劳动能力退出劳动领域后的基本生活而建立的一种社会保险制度。养老保险是社会保障制度的重要组成部分,社会保险中最重要的险种之一。

五、生育保险

国家通过立法,对怀孕、分娩女职工给予生活保障和物质帮助的一种社会保险制度。旨在通过向职业妇女提供生育津贴、医疗服务和产假,帮助她们恢复劳动能力,重返工作岗位。生育保险提供的生活保障和物质帮助通常由现金补助和实物供给两部分组成:前者是给予生育妇女的生育津贴,有些国家还包括一次性现金补助或家庭津贴;后者主要是提供必要的医疗保健、医疗服务以及孕妇、婴儿需要的生活用品等。

问题2:单位不给职工缴纳社会保险怎么办?

案例:小孙是某公司的一名职工,从2013年9月到2018年7月,公司一直没有按照足够的金额给她缴纳社会保险。在解决了与公司之间的劳动关系争议之后,小孙向社保中心投诉要求社保中心对公司未给她按时缴纳社保的情况进行稽查和复核。区社保中心收到投诉后,马上采取行动,根据该公司提交的材料,区社保中心核算出该公司未为小孙缴纳2013年8月的社会保险费;未足额缴纳2013年9月至2014年6月养老、失业保险费,共计24169.4元。2019年7月26号,区社保中心发出《缴费通知》,并于当日送达该公司,该公司不服,向人民法院提起行政诉讼。

区人民法院一审认为,根据《社会保险法》和《社会保险费申报缴纳管理规定》,用人单位非因法定事由未按时足额缴纳社会保险的应当补缴,并自欠缴之日起,按日加收万分之五的滞纳金。根据《关于规范社会保险费缴纳基数有关问题的通知》第二条规定,加班工资按总额统计,在计算缴费基数时作为依据。该公司与小孙在2013年8月6日至2018年8月6日存在劳动关系,在上述期间,该公司未按时足额为小孙缴纳社会保险,应当补缴并缴纳滞纳金。区社保中心作出的《缴纳通知》,认定事实清楚,适用法律正确,行政程序合法。据此,区人民法院判决驳回了该公司的诉讼请求。该公司不服,向市中级人民法院提起上诉,市中级人民法院维持了一审判决。

分析:在这个案件中,用人单位没有按时足额为职工缴纳社会保险,区社保中心进行稽查复核,责令其补缴并缴纳滞纳。

根据《社会保险法》第六十条规定,用人单位应当自行申报、按时足额缴纳社会保险费,非因不可抗力等法定事由不得缓缴、减免。职工应当缴纳的社会保险费由用人单位代扣代缴,用人单位应当按月将缴纳社会保险费的明细情况告知本人。无雇工的个体工商户、未在用人单位参加社会保险的非全日制从业人员以及其他灵活就业人员,可以直接向社会保险费征收机构缴纳社会保险费。本条规定明确了用人单位负有为职工缴纳社会保险的法定义务。当用人单位未履行这一法定义务时,根据《社会保险法》第六十三条的规定,用人单位未按时足额缴纳社会保险费的,由社会保险费征收机构责令其限期缴纳或者补足。用人单位逾期仍未缴纳或者补足社会保险费的,社会保险费征收机构可以向银行和其他金融机构查询其存款账户;并可以申请县级以上有关行政部门作出划拨社会保险费的决定,书面通知其开户银行或者其他金融机构划拨社会保险费。用人单位账户余额少于应当缴纳的社会保险费的,社会保险费征收机构可以要求该用人单位提供担保,签订延期缴费协议。用人单位未足额缴纳社会保险费且未提供担保的,社会保险费征收机构可以申请人民法院扣押、查封、拍卖其价值相当于应当缴纳社会保险费的财产,以拍卖所得抵缴社会保险费。除此之外,根据《社会保险法》第八十六条的规定,未按时足额缴纳社会保险的,还应当自欠缴之日起按日加收万分之五的滞纳金,仍不缴纳的,由有关行政机关处以欠缴数额一倍以上三倍以下的罚款。

对于用人单位履行为职工缴纳社会保险义务的认定,主要的考量有"按时"和"足额"两个因素。根据《社会保险法》第五十八条的规定,用人单位应当在用工之日起三十日内为其职工向社会保险经办机构办理社保登记。办理完登记之后,即应按照社会保险经办机构的业务要求,每月定时为职工缴纳社会保险,此即"按时"。所谓"足额",即用人单位按照职工工资的总额,社会保险经办机构确定费率为职工缴纳社会保险。这里的工资总额,也就是社会保险缴纳基数,根据《关于规范社会保险费缴纳基数有关问题的通知》规定,除了基本工资之外,加班工资、奖金、津贴、补贴等也是计算缴费基数时的依据。至于缴费费率,现阶段是由各个省、自治区、直辖市根据当地的实际情况来确定具体的缴费费率。

第三节　知法普法要提倡,权益维护有保障

一、进城务工人员在求职时应该注意什么法律问题

1.在求职过程时会遇到哪些诈骗手段,如何解决

在求职过程中也会遇到一些常见的诈骗手段,比如在面试的时候就找各种手段问你收取保证金或者押金,像一些服装费、培训费等,要注意国家有明确的规定,用人单位是不可以以收取押金、保证金、集资等这些作为录用条件的,所以我们在求职过程中一定要谨慎。其次要注意一些试用期骗局,半年的劳动合同上面写着试用期三个月,要知道《关于实行劳动合同制度若干问题的通知》早已作了规定,劳动合同少于6个月的,试用期不可以超过15天;劳动合同长于6个月但是短于一年的,试用期不可以超过30天;

劳动合同比一年长比两年短的,试用期不可以超过60天。而且进城务工人员还要提防在试用期后用人单位以各种理由告诉求职者其在试用期表现不合格,公司解聘也是无奈之举,接着用很少的薪水继续招聘熬不过试用期的新人。还有一些用人单位会挂羊头卖狗肉用高薪高职来诱惑求职者,求职者要认清楚自身的实力,从基础工作踏踏实实地做起才是硬道理。

　　如果在求职的过程中真的遇到了一些不正当的行为,可以先向中介公司或者招聘单位工商执照注册地辖区的劳动保障监察部门举报投诉,在投诉的时候要记清楚人力资源和社会保障部门的名字,保存好收据、发票、合同等证据。求职诈骗会涉及公安、工商、人力资源和社会保障部门的职能范围,所以要根据实际情况选择最有效的投诉部门。比如投诉对象如果证件齐全是合法机构就可以去找当地的人力资源和社会保障部门来投诉。如果投诉的对象是没有证件经营的"人力资源服务机构",就可以到工商、城管、人力资源和社会保障等部门进行投诉。如果投诉方的情节特别严重,涉及的金额也很大,你就可以去公安部门投诉举报。如果投诉对象是通过收取押金来进行诈骗的,你可以到当地的工商管理部门进行投诉。

　　下面给大家介绍几个常见的求职诈骗案例:

案例一:有位工人小甲看到了一则广告:本公司全面代理技术人员、管理人员、业务员等各种职业的中介服务。于是小甲打电话去咨询,收到的回复是:"你过来吧,我们这边什么工作都有。"小甲去了以后交给了第一个公司400元的押金,老板给了他一张条子,上面写着:张经理,兹有小甲到您公司,请安排管理人员岗位。小甲到了第二家公司,公司老板说:"你交300元的押金,就可以安排你上班。"小甲交了押金并且要求尽快上班,没想到的是,第二家公司的老板又开了张条子把他介绍给了第三家公司。第三家公司也要收钱。小甲被几个公司来回折腾终于幡然醒悟,于是要求退款,没想到却被几个公司推诿和赖账。所以如果要通过中介来找工作,一定要弄清楚是不是合法,一般合法机构在收费的时候都会开一些票据,如果遇到这样的诈骗行为应该及时向劳动部门和公安部门反映。

案例二:进城务工人员小乙接到一个短信,短信中说某保险公司最近正在招聘一批业务员,小乙根据短信上的公司地址去面试,面试结束后,工作人员告诉小乙说他已经被录取了,而且告诉小乙,需要交2000元的业务培训费,并且还告诉小乙,如果业务做得好,这些培训费可以全额返还,小乙相信了并且把钱打了过去,结果一个星期过去了,公司并没有通知他去上班,当小乙再一次到公司准备询问时,早已人去楼空。这里要注意的是,如果用人单位以培训费、押金这样的形式作为录取条件,这种行为就已经违反了《中华人民共和国劳动法》,是可以向有关部门反映请求查处,并且要求退还所有费用的。

案例三:王女士在网上发布了个人简历后,很快就有一名数据运营公司的负责人联系王女士称,王女士符合自己公司的招聘条件,但是受疫情影响要居家办公3~4天来完成试用期的考核。王女士接受了,后来在考核人员的指示下开始进行一些简单的刷单工作,进入管理员给的链接里截取听歌、观影的截图就可以获得每天100元的返现。接着考核人员又说工作内容变为了数据任务,要员工垫付一些资金来冲刷流水,完成以后公司就会以返现的形式发放工资。王女士同意了,一开始王女士垫付100~300元的本金,每单最多可以获利30元,慢慢地任务要求变得越来越高,王女士陆陆续续垫付了多达几万元,完成后并没有获得返现。但是在工作群里却每天都能看到有人陆续成功获得返利,考核人员说王女士需要备用金才可以获得返利,因为之前的几天都获得了相应的报酬,所以王女士也并没有多想就向账户充钱了,结果账户突然出现了异常要缴纳解冻费等,随着缴纳金额越来越大,王女士才发现自己可能是中了骗子的圈套,就马上报警,后来警方核实。王女士使用的

"工作平台"是虚拟投资平台,提前设计好了骗局来以招聘等各种借口骗求职者进行刷单,现在案件正在办理中。所以我们在网络求职时,一定要选择一些正规的招聘渠道,不要在陌生网站透露自己的个人信息,在找工作的时候,一定要提高警惕,谨防被骗。

2.在签订合同时会遇到哪些陷阱,怎么避免

常见的合同陷阱有以下几种:

(1)口头合同

现在出现一些用人单位,利用进城务工人员在合同常识方面的欠缺,与进城务工人员进行口头约定,对于工作中的相关责任、权利和福利没有使用正式的书面合同作为双方履行承诺的保障,而大部分进城务工人员相信别人的承诺就是自己的实际收获,相信言必信、行必果,对用人单位的承诺抱有极大的信任,但终究没有正式书面合同的口头约定是最不可靠的。因为不是每个人都是君子,如果他们遇到的人是唯利是图的小人,承诺就会变得不堪一击。

(2)格式合同

有些用人单位看似遵从了相关法规和劳动机构的相关规定制订了雇佣协议,但是使用了与实际情况不相适应的格式合同,看似没有任何问题,但是条款却是模棱两可,如果发生纠纷,用人单位可以对相关条款作出不同的解读,在这种情况下,进城务工人员拿着签订的格式合同想要维护自己的权益,那么在维权时申请人的法律权益就会受到影响。

(3)单方合同

有些公司利用进城务工人员急于找到工作的心态,在签订合同时只就进城务工人员的义务达成一致,如是否遵守公司规章制度,是否存在违约责任,是否在违约时支付违约金等,而合同中关于应聘者权利的约定却几乎是只字未提。这是典型的不平等合同,接受它就等于让自己任人宰割。

(4)生死合同

一些危险性行业的用人单位往往通过要求进城务工人员在其合同中接受生死协议来规避这一责任,根据该协议,一旦发生意外事故,公司不承担任何责任。有的进城务工人员为了找工作,违背自己的意愿签订了合同,却不知道结果可能是用人单位更加忽视进城务工人员的安全,一旦发生事故,甚至可能推卸责任,一分不赔。

(5)两张皮合同

有些用人单位为了躲避劳动主管部门的监管,便会与进城务工人员签署两份合同,但其实这两份合同有着巨大的差别。这两份合同一份用于应付上级管理部门的监督,而另一份合同中才是实际与进城务工人员所约定的相关内容。与用人单位签订的真正的不平等合同中,受益者往往都是用人单位,因此当进城务工人员与用人单位签订合同的时候,一定要避免签订这种两张皮合同,以免使自己的合法权益遭受侵犯。

3.我们应该如何防范、合同陷阱

(1)签订劳动合同的原则

签订劳动合同不仅对个人来说十分重要,同时它也是一项非常重要的民事法律行为,在这个过程中一定要遵循最基本的法律原则。由于在签订劳动合同时,进城务工人员往往属于弱势群体,所以在签约时,必须遵守合法、真实意愿表示、平等协商、诚实信用的原则,以防止用人单位存在欺诈和损害求职者合法权利的行为。

(2)对合同当事人主体资格的审查

2021年1月1日起实施的《中华人民共和国民法典》第二条规定,"民法对自然人、法人与非法人组织在同等主体中的个人及财产的法律关系进行了规范"。也就是说,只有自然人、法人和非法人组织才有可能成为合同的当事人,也就是合同主体。合同主体是指民事主体,它应当具备一定的私权能力和行为能力。

因此,在与用人单位签订劳动合同时,应当查看用人单位的企业营业执照,确定用人单位有必要的财产或资金,有自己的名称、组织机构和场所,具有独立承担民事责任的能力。

(3)对用人单位的信誉进行审查

在实际生活当中,合同的主题合格,不一定就意味着签订了合同之后就一定能完全按照合同约定来履行义务,为了避免发生不必要的损失,在签合同之前,我们最好用打听等方式问清楚用人单位的商业信誉。

(4)合同中需明确的事项

签订合同时,劳动者要弄清楚用人单位的工商信息,用人单位是否有相应资质或安全生产条件,并要求将这些内容明确写在合同中;劳动者要弄清自己的具体工作,并在合同中表明工作的内容和具体地点;劳务报酬一定要清楚,避免口头约定;劳务报酬的支付方式与支付时间要明确;关于人身意外保险的约定,用人单位在工作过程中如有发生意外的可能,最好由用人单位购买保险;不要签空白合同;劳务合同盖章后,双方各保管一份。

二、进城务工人员工作过程中应该注意什么法律问题

当进城务工人员进入用人单位时,因为朴实勤劳、吃苦

耐劳的优良品质,一般情况下都会受到用人单位的特别青睐。但是也存在一些原因会导致我们在工作中遇到很多的困境,如工作休假、随意换岗等,当遇到这些问题时,我们该如何维护自己的合法权益呢? 让我们通过几个例子来学习一下。

问题1:用人单位随意调动进城务工人员的工作岗位合法吗?

案例:小红高中毕业后没有考上大学,于是决定进城务工,她来到了一个城里的服装店,担任导购。按照店里的规定,导购每月的工资是1000元。后来小红因为工作能力突出,一年后被提拔为导购组的组长,工资也涨到了1800元一个月。因为《中华人民共和国劳动合同法》的实施,她和用人单位签订了劳动合同。劳动合同上约定的时间是这一年的1月1号到第二年的12月31号,小红的职务是导购组组长,每月工资为1800元。但是到了第二年的5月时,用人单位的业务量就开始下降,也开始裁人。因为人员的减少,小红也不能再继续担任组长,所以工资又回到了1000元一个月。在这期间,小红也多次提出异议,但是服装店还是置之不理。一直到第二年的年底,也就是双方合同期满的时候,小红才离职。她离职后提起了劳动仲裁,要求用人单位补发第二年5月到12月也就是8个月的工资差价6400元和相应的经济补偿。

分析:在了解了这个案例后,我们知道,用人单位将小红的岗位进行了调整,因为裁员把小红由组长降为了导购员,这个关系到了小红的利益也就是工资,把每月的工资由1800元降为了1000元。这与之前签订的劳动合同不同,属于劳动合同的变更,根据《中华人民共和国劳动法》第十七条第一款规定:"订立和变更劳动合同应当遵守平等自愿、协商一致的原则,不得违反法律、行政法规的规定。"所以劳动合同的变更要在双方自愿协商一致的情况下才会发生法律效力的变动。我们回头看这个案例,是属于单方面变更劳动合同的内容。而且在此期间小红还多次提出了异议但是都没有得到用人单位的同意。这里我们试问? 如果小红没有提出异议,而接受了每月1000元的工资,这个算不算双方同意了变更劳动合同? 其实是不算的,因为变更劳动合同时必须要双方的签字或者盖章,这样才会产生变更的效力。所以说小红和用人单位的劳动合同没有产生变更的法律效力,所以双方应该按照原来的合同继续履行各自的义务。所以小红要求用人单位补足自己工资差价的6400元是有法律依据的,应该被劳动仲裁委员会支持。

问题2:因为用人单位自身的原因导致了停工,在停工期间进城务工人员该领多少工资?

案例:小言是一名进城务工人员,被一家化工企业录用了,而且与这家化工企业签订了劳动合同,合同中规定:如用人单位每月15日发放工资,工资标准为1500元/月,但因用人单位自身原因而导致停产,其间只发给劳动者每月生活费200元。到了第二年的3月,这一家化工企业需要检修维护机器所以停产了3个月。在这期间,小言和所在车间的职工们只能回家待岗,而用人单位每月给员工们统一支付200元的生活费。小言等人多次向领导提出要求增加生活费,职工们都认为因为单位停工停产,企业不能随意降低员工们的生活费。但是用人单位认为,单位停工停产是因为机器设备需要检修维护,这个情况属于客观原因。在停工停产期间职工不但没有上班,而且单位支付了生活费,还帮职工缴纳了社会保险,而且在合同里也明确约定了这一条,也是按照劳动合同的内容来执行的,所以并没有什么不合适。小言等人不服,于是提起劳动仲裁。

分析:在这个案例中主要有两个问题,问题一是说,在这个案例的劳动合同中,用人单位停产停工只发给劳动者200元的生活费,这个条款是否有效。按照我国的相关法律和行政法规的规定,劳动合同条款的内容是不能违背法律的强制性规定的,否则会带来劳动合同全部无效或者部分无效的法律后果。在我国的《工资支付暂行规定》第十二条规定,停工、停产在一个工资支付周期内的,用人单位应按劳动合同的标准支付劳动者工资。因为进城务工人员与用人单位签订的劳动合同中的条款违反了这一条,所以该条款是无效的。那么就到了问题二,因为用人单位自己的原因停工,停工期间的工资究竟该如何发放才是合法的?我们依据《工资支付暂行规定》第十二条的规定。我们以"月"为工资支付周期的情形为例对上述规定做一简要的说明,从停工、停产之日起算,不满一个月的,无论在此期间劳动者是否提供正常劳动,用人单位都应该依法支付劳动合同所约定的工资待遇。超过一个月后,还要根据劳动者是否提供正常劳动而有所不同。提供正常劳动的,支付给劳动者的劳动报酬不得低于当地的最低工资标准;未提供正常劳动的,按照国家有关规定执行。根据《工资支付暂行规定》的要求,各地方根据当地实际情况制定了不同的规定。比如北京市规定,超过一个工资支付周期的,对于提供正常劳动的,根据具体提供工作的情况(比如有的劳动者全日制劳动,有的则是非全日制的劳动),双方协商工资待遇,但是不得低于北京市最低工资标准。而对于没有安排劳动者工作的,应当按照不低于本市最低工资标准的70%支付劳动者基本生活费。那我们最后回到这个案例当中,因为机器检修而停产,并不是进城务工人员的原因所导致的,应该依据《工资支付暂行规定》以及小言所在的地区规定,依法发放该期间的工资。在这个案例当中,如果小言提供了正常劳动,得到的报酬不能低于当地最低工资标准,应该按照所在地区的地方性规定得到基本的生活费。所以在停工期间小言除了依法享有用人单位为其缴纳正常的社会保险的权益外,他获得的生活补助应该是每月正常工资的1500元加每月相应的生活补助。

问题3:进城务工人员享有哪些法定休息时间?

案例:大壮近日来觉得在村子里赋闲无事,且赚不到什么钱,于是便和同村的几个朋友一起约定年后进城打工,于是在老乡的介绍下进了一家食品加工厂,在进厂时双方签订了为期三年的劳动合同,在合同中约定每天工作八小时,大壮和他的朋友们都按照厂里的工作时间,按时上下班,每天都工作八小时,从不迟到早退,但与厂子里的其他职工相比,他们没有节假日和平时的周末休息时间,几个月过后,大壮等人觉得厂子这是在压榨他们,于是找到该厂的负责人,要求他们平等地对待他们与其他的职工,他们也要求有周末的休息日和节假日,但该厂负责人却说:"你们都是最底层的农民工,有了这个工作的机会就要好好珍惜,如果不愿意干,后边还排着一大把人呢,总会有人干的"。于是大壮找到一家律师事务所,并向其咨询,作为进城务工人员都应该享有哪些法定的休息时间,该食品加工厂的做法正确吗?

分析:这个案例中涉及的问题是,进城务工人员在打工的过程中,是不是应该和其他的劳动者享有同工同酬的问题。答案是肯定的,进城务工人员只要具有劳动能力,在法律上就是合格的劳动者,所以在劳动过程中应该享有法律所赋予的劳动者的权力,和其他劳动者一样应该同工同等待遇。那作为进城务工人员享有哪些法定的休息时间呢?法律上的休息时间主要有平时休息时间、每周公休日(要是因为工作需要无法安排周六、周日休息的,也应该在其他时间安排进城务工人员补休)、法定休假期、探亲假和年假等。平时休息时间就是工作日内工作时间以外的时间,也就是每天八小时工作之外的时间。所以我们回归到本案例,用人单位的做法是错误的,根据《中华人民共和国劳动法》第九十一条第二款规定,拒不支付劳动者延长工作时间工资报酬的,由劳动行政部门责令支付劳动者的工资报酬、经济补偿,并可以责令支付赔偿金。根据《中华人民共和国劳动合同法》第八十五条的规定,安排加班不支付加班费的,由劳动行政部门责令限期支付劳动报酬、加班费或者经济补偿……逾期不支付的,责令用人单位按应付金额百分之五十以上百分之一百以下的标准向劳动者加付赔偿金……所以大壮和工友可以要求工厂给自己加班费,也可以选择解除劳动合同。在解除劳动合同时,可以要求用人单位支付加班费,如果拒付,大壮等人可以要求他们支付经济赔偿金。

三、进城务工人员与用人单位解除劳动关系时需要注意什么法律问题

在工作过程中,我们常常会因为各种问题需要和用人单位解除劳动合同,但是有个别黑心的单位,在和进城务工人员解除劳动合同的过程中,认为大家维权意识比较欠缺,不给进城务工人员做出相应的补偿,从而严重危害大家的合法权益,通过下面的阅读,大家可以了解进城务工人员在与用人单位解除劳动合同时需要注意的一些问题。

问题1:进城务工人员解除劳动合同需要用人单位的同意吗?

案例:亮亮进城务工后找到了一份在制鞋厂的工作,双方签订了五年的劳动合同,但之后亮亮发觉自己在厂子里工作了三年但工资却几乎没涨,于是亮亮便有了跳槽的想法,他自己在私底下联系了一家服装厂,了解到如果正式入职服装厂工资会比这边的制鞋厂要好,于是亮亮便向制鞋厂提出了辞职报告,打算解除之前的劳动合同,但该厂的领

导拿出了之前所签订的劳动合同对亮亮说当时里边有一条为进城务工人员提出提前解除劳动合同,在没有取得用人单位同意后擅自离开的,必须向甲方支付违约金5000元,因此单位领导要求他要么缴纳5000元违约金,要么继续干够五年才可以走,公司不同意提前解除劳动合同。双方各执己见,发生争执。于是亮亮提出劳动仲裁,请求提前解除合同,且不必支付任何的违约金。

分析:读完这个案例我们了解到,这个案例的主要问题是进城务工人员解除劳动合同是否需要经过用人单位的同意。根据《中华人民共和国劳动合同法》第三十七条规定,劳动者提前三十日以书面形式通知用人单位的,可以解除劳动合同,劳动者在试用期内提前三日通知用人单位,可以解除劳动合同。为了避免大家在行使合同解除权给用人单位的经营造成影响,法律规定大家必须提前三十日通知,是为了让用人单位可以有充足的时间来安排别人替代这份工作。在这种解除方式中,进城务工人员要注意,必须使用书面通知的方式。在这个案件中我们发现了这样的条款:"进城务工人员提出提前解除劳动合同,在没有取得用人单位同意后擅自离开的,必须向甲方支付违约金5000元。"这条条款违反了《中华人民共和国劳动合同法》第三十七条的规定,侵犯了劳动者解除劳动关系的权利,所以这条条款无效。所以在这个案件中,如果亮亮与用人单位协议解除合同不成功,就可以向用人单位提交书面解除劳动合同的申请,三十天后,无论该厂是否同意,原劳动合同都自动解除。

问题2:进城务工人员主动辞职可以得到经济补偿吗?

案例:某化妆品公司招聘销售人员,小芳和小凡都前去应聘并一同被录用,且与该公司签订了为期三年的劳动合同,该公司对销售人员的工资主要分为两部分,基本工资和销售提成,基本工资每月发2000元,销售提成通过个人卖出去的货品核算。在此期间,小芳干活兢兢业业,对每个顾客也都无微不至,因此也取得了非常好的业绩。但小凡就与之相反,她迟到早退,还经常与顾客发生争吵,在销售业绩不好的同时还对公司带来了许多不良的影响,第二年该公司不想和小凡继续维持劳动关系,便告知小凡要与其解除劳动合同,小凡同意。与此同时由于小芳有着突出的工作能力而被另一家公司看重,并向她承诺如果跳槽过来将会有着更高的工资报酬和晋升路径,于是小芳也与某化妆品提交了辞职信,公司批准。于是二人都离开了某化妆品公司。之后小凡通过别人给他讲述《中华人民共和国劳动合同法》中的相关知识得知自己那种情况应该得到相应的经济补偿,而小芳也觉得自己应该得到一定的经济补偿,于是这两人便向化妆品公司提出要对他们进行经济补偿,但该化妆品公司认为小凡在工作期间不仅没有做好自己的本职工作,反而还带来了许多不良影响,因此不应该获得经济补偿,而小芳是主动提出辞职,也不应享有经济补偿。两人不同意该化妆品公司的说辞,于是提出劳动仲裁。

分析:在这个案例当中的主要问题是,如果劳动者主动提出辞职,经过用人单位的同意,单位是不是应该支付经济补偿金。根据《中华人民共和国劳动合同法》第三十八条的规定:"用人单位有下列情形之一的,劳动者可以解除劳动合同:(一)未按照劳动合同约定提供劳动保护或者劳动条件的。劳动保护和劳动条件是劳动者安全、健康地完成劳动任务的基本保证。根据《中华人民共和国劳动合同法》第十七条规定了用人单位向劳动者提供劳动保护和劳动条件的义务,如果用人单位违反,劳动者就可以随时通知与用人单位解除劳动合同。(二)未及时足额支付劳动报酬的。及时足额发放劳动报酬是用人单位的基本法定义务,劳动报酬条款也是劳动合同的必备条款。如果用人单位未按照劳动合同约定或者国家规定的时间发放劳动报酬,或者未能足额发放劳动报酬的,就属于对法定义务的违反。(三)未依法为劳动者缴纳社会保险费的。缴纳保险费是劳动合同赋予用人单位的法定义务,如果用人单位没有缴纳或者没有足额缴纳社会保险费,则构成对劳动者权益的侵害。(四)用人单位的规章制度违反法律、法规的规定,损害劳动者权益的。用人单位应该依法建立和完善劳动规章制度,保障劳动者权益,履行劳动义务。"依法"主要包含两层含义,一是内容合法,规章制度不得和法律法规相违背;二是程序合法,即规章制度的制定需要经过民主程序,并应公示或告知劳动者。(五)因本法第二十六条第一款规定的情形致使劳动合同无效的。这是指用人单位以欺诈、胁迫的手段或者乘人之危的情形下,和劳动者签订的劳动合同;用人单位免除自己的法定责任、排除劳动者权利的;违反法律、行政法规强制性规定的都会导致劳动合同无效或者部分无效。(六)法律、行政法规规定劳动者可以解除劳动合同的其他情形。这是法律为了规避遗漏而作的概括性条款。仅因归责于用人单位的情形下,法条所列举的。仅在因归责于用人单位的情形下,这条法条所列举的用人单位具有的这六种违约或违法,损害劳动者的权益的情形,劳动者据此提出辞职,用人单位必须支付经济补偿金。但是,如果责任不归用人单位,劳动者无故提出解除劳动合同,用人单位是不用支付经济补偿金的。"而《中华人民共和国劳动合同法》第四十六条第(二)规定,在用人单位首先提出解除合同,并且与劳动者协商一致的情况下,应支付经济补偿金。所以我们回到这个案件当中,用人单位不存在《中华人民共和国劳动合同法》第三十八条当中规定的情形，小芳是为了跳槽而主动提出辞职的，不是归因于用人单位的原因，也不是用人单位主动提出解除劳动合同的，所以用人单位无需给小芳支付经济补偿金。而小凡的离职，虽然用人单位称她工作不负责任，经常和顾客吵架，但是用人单位主动提出与小凡解除劳动关系，根据法律的规定，该公司应该向小凡提供一定的经济补偿，所以说，谁提出解除劳动合同的法律后果是不一样的。

问题3：违法辞退进城务工人员的用人单位应该承担什么法律责任？

案例：小伟看到一家电脑公司招聘市场推广部职员的消息后便前往应聘，之后便与公司签订了为期一年的劳动合同，月工资5000元，一年过后，双方又续签了一年，但半年过后，该电脑公司却以小伟严重违反公司规章制度为由与小伟解除劳动合同，并要求小伟立即离职并不向其支付任何的经济补偿或赔偿。但事实是小伟上班以来并没有犯过什么大错，业绩也还不错，只是有过几次轻微的迟到现象，而这并不属于严重的违反公司规章制度的现象，于是小伟提起劳动仲裁，要求该电脑公司支付违法解除劳动合同的赔偿金30000元。劳动仲裁委员会认为该诉求合理并支持了小伟的请求，该电脑公司不服，起诉至法院。

分析:在这个案例中主要有两个问题,问题一是说小伟迟到早退是不是严重违反用人的规章制度问题?该用人单位实行每天八小时的工作制,并没有将旷工、迟到早退等职工违反公司章程的情形写进可以辞退的合同条款里。并且结合公司情况做过仔细分析后发现,小伟迟到早退的现象没有严重违反用人单位的规章制度。下面就来到了问题二,既然小伟没有严重违反用人单位的规章制度,那么用人单位违法辞退小伟应该承担什么法律责任?根据《中华人民共和国劳动合同法》第三十九条和第四十条规定了用人单位解除劳动合同的情形。当用人单位出现违法解除劳动合同的情况时,大家应该如何维护自己的合法权益呢?在《中华人民共和国劳动合同法》中规定了两种途径,一是可以要求用人单位继续履行原有的合同,但是一般来说进城务工人员不会选择这个途径,因为在和用人单位不和的情况下,如果继续在这个用人单位工作,估计工作的开展不是很尽如人意;二是可以选择离开这个单位,要求用人单位支付赔偿金。在我国对于违法解除劳动合同的用人单位也规定了相应的法律责任。按照《中华人民共和国劳动合同法》第八十七条的规定:"用人单位违反本法规定,解除或者终止劳动合同的,应当依照本法四十七条规定的经济补偿标准的两倍向劳动者支付赔偿金。"在这个案例当中,小伟续订了劳动合同,工作了三个月以后,被公司解聘。它可以选择继续在公司工作九个月,完成剩余的九个月的劳动合同期限,也可以选择要求用人单位支付赔偿金,也就是三个月工资的两倍赔偿金,共计30000元。所以法院应该支持小伟的诉求。

四、女性进城务工人员有哪些特殊的劳动保护

在广大的进城务工人员中有很多是女性,因为女性有经期、孕期、产期、哺乳期等生理时期,所以在劳动过程中会对女性的这些情况加以保护。根据《中华人民共和国劳动法》《女职工劳动保护规定》《女职工禁忌劳动范围的规定》等都对这些情况做了特殊的立法规定,赋予她们特殊的劳动权益。下面让我们一起来看看,哪些属于女性特有的劳动权益,当这些劳动权益受到侵害时,我们该如何进行帮助。

问题1:有哪些劳动是女性进城务工人员不能从事的?

案例:位于江西农村的小姑娘朵朵在高考失利后,没有考上心仪的学校,考虑到家里的经济情况,于是决定去广州打工赚钱,补贴家用。在朋友的介绍下,朵朵入职了一家冷冻食品加工厂,主要负责食品冷冻库里的食品装卸工作,她

与工厂签订了两年的劳动合同。从入职的那天起，朵朵便非常珍惜这份工作，积极认真，但慢慢地她发现，每个月来月经的时候自己的身体都极为不适，为了自己的身体健康，她便找到了工厂负责人反映情况，想要领导同意其在月经期间可以调整工作岗位，以免对身体造成损害，但领导非但没有同意她的请求，还说在合同中约定的就是这份工作，无法进行岗位调整或者调休。朵朵对于工厂给出的解释一时也不知如何处理，只好独自默默忍受，请问，该负责人的说法正确吗？

分析：这个案例我们需要讨论的主要问题是，有哪些劳动是女性进城务工人员不能从事的。其实在我国的相关法律中很早就做出了规定，根据《中华人民共和国劳动法》第五十九条至第六十三条及《女职工劳动保护规定》《女职工禁忌劳动范围》的相关条款规定，用人单位不可以安排女职工从事下列有害妇女身体健康的劳动：

（1）女性职工禁忌劳动范围

①矿山井下作业，即常年在矿山井下从事各种劳动，不包括临时性的工作，如医务人员下矿井进行治疗和抢救等。

②森林业伐木、归楞及流放作业。

③《体力劳动强度分级》（GB 3869-83）标准中第Ⅳ级体力劳动强度的作业。

④建筑业脚手架的组装和拆除作业,以及电力、电信行业的高处架线作业。

⑤连续负重(指每小时负重次数在6次以上)每次负重超过20千克,间断负重每次负重超过25千克的作业。

(2)女性职工在月经期间不能从事的劳动

①食品冷冻库内及冷水低温作业。

②国家规定的第Ⅲ级体力劳动强度的劳动。

③《高空作业分级》标准中第二级以上的劳动。

(3)已经结婚或者待孕女性不能从事的劳动

已婚待孕女职工禁忌从事铅、汞、苯、镉等作业场所属于《有毒作业分级》标准第Ⅲ、Ⅳ级的作业。

(4)已经怀孕的女职工不能从事的劳动范围

①作业场所空气中铅及其化合物、汞及其化合物、苯、镉、铍、砷、氰化合物、氮氧化物、一氧化碳、二硫化碳、氯乙内酰胺、氯丁二烯、氯乙烯、环氧乙烷、苯胺、甲醛等有毒物质浓度超过国家卫生标准的作业。

②制药行业中从事抗癌药物及己烯雌酚生产的作业。

③作业场所放射性物质超过《放射性防护规定》中规定剂量的作业。

④人力进行的土方和石方的作业。

⑤伴有全身强烈振动的作业,如风钻、捣固机、锻造等

作业,以及拖拉机驾驶等。

⑥工作中需要频繁弯腰、攀高、下蹲的作业,如焊接作业。

⑦《高处作业分级》标准所规定的高处作业。

注:上述标准中有关用语的含义如下:

第Ⅲ、Ⅳ级体力劳动强度:是指按照国家标准《体力劳动强度分级》GB3869-83确定的第Ⅲ、Ⅳ级体力劳动强度。

一级高处作业:是指按照《高处作业分级》GB3608-83的规定,高处作业高度在2~5米时,称为一级高处作业。

低温作业:是指经常在5℃以下低温环境中的作业。

冷水作业:是指上肢或下肢经常直接接触冷水的作业。

野外流动作业:是指各种施工、地质勘测、码头装卸、养路等露天作业。

所以在案例中朵朵所在的工厂应该为她安排在特殊生理期休息或者换适合她工作的岗位。

问题2:女性进城务工人员流产能不能享受产假?产假是国家规定还是用人单位规定?具体是怎样规定的?

案例:小亮和小芳是一对刚刚结婚的小夫妻,由于在村子里赚不到什么钱,于是他们决定一起去外地打工赚钱,他们经人介绍来到了南方的一家玩具厂,同时和玩具厂签订了为期两年的劳动合同,在工作了一个月后,小芳流产了,觉得身体不太舒服,需要休养,于是她找到了公司领导要求休假,而领导说公司在此之前从来没有过此类休假的先例,且这项制度也没有在公司的规章中表明,无法让小芳休假。无奈之下小芳只能继续工作。过了五个月后,小芳又怀孕了,但为了多赚钱,她选择继续留在工厂里上班,十个月后小芳生下了一个男孩,丈夫小亮见状十分开心,随后,他去找厂领导替小芳请产假,厂领导说:按照公司的规章制度,你们两人都在我们厂打工,且平时干活都比较认真,因此厂里决定给你的妻子休一个月的产假,在此期间工资照发。而小亮认为,国家规定正式工人和员工都可以合理地享有90天的产假,为什么小芳只能休30天。厂领导却说:你所说的确实属实,但那是国家针对正式工人和干部所制定的规定,你们是进城务工人员,并不属于国家规定的范围内,因此给你们放一个月的产假既是单位对你们的照顾,同时也是单位的规定,所以你也不要再和我争论了。但小亮不服气,还是和厂领导起了争执。小亮作为小芳的法定代理人提起了劳动仲裁,要求该玩具厂让其妻子小芳可以享有休90天产假的权利,同时工资照发。

　　分析:我们先来看第一个问题,女性进城务工人员流产能不能享受产假? 根据我国劳动部在1988年9月下发的《关于女职工待遇若干问题的通知》第一条就明文规定:"女乡村创业就业全指导职工怀孕不满4个月流产的,应当根据医务部门的意见,给予15~30天的产假;怀孕满4个月以上流产的,给予42天产假。产假期间,工资照发。"《企业职工生育保险试行办法》第七条则规定:"女职工生育或者流产后,由本人或所在企业持当地计划生育部门签发的生育证明、婴儿出生、死亡或流产证明,到当地社会保险经办机构办理手续,领取生育津贴和报销生育医疗费。"我们可以看出劳动主管部门是将会对妇女身心健康造成严重伤害的流产与生育同等看待的,只是假期的长短不同罢了,所以在案例中小芳流产后是有休假权力的。

下面我们来看本案例中的第二个问题,产假是国家规定还是用人单位规定? 具体是怎样规定的?

根据《中华人民共和国劳动法》第六十二条规定:"女职工生育享受不少于90天的产假期。"根据1988年国务院发布的《女职工劳动保护规定》第八条规定:"女职工生育享受不少于90天的产假,包括产前休假15天和产后休假75天,难产的增加产假15天。多胞胎生育,每多生育一个婴儿,增加产假15天。"根据劳动部1994年下发的《违反中华人民共和国劳动法行政处罚办法》第十四条的规定:用人单位违反女职工保护规定,女职工产假低于90天的,应责令限期改正;逾期不改的,按每侵害一名女职工,罚款3000元以下标准处罚。根据劳动部1994年下发的《企业职工生育保险试行办法》第五条的规定,其产假的生育津贴按照本企业上年度职工月平均工资计发,由生育保险基金支付。所以说,产假是由国家规定,而且用人单位必须执行的,只能比90天多,不能比90天少,而且在这90天里用人单位要给小芳按照该厂上半年的平均工资发工资。

问题3:用人单位可以在女性进城务工人员的怀孕期、产期、哺乳期改变其工资和工作岗位吗?

案例:女性进城务工人员蓉蓉在网上看到一家软件公司在招聘市场营销人员,于是便去应聘,并成功地与这家公司签订了为期三年的劳动合同,合同中约定每个月的基本工资为5000元,在合同期间,这家软件公司可根据企业经营情况和蓉蓉的个人能力对其工作岗位和职务进行调整,如果没有合理的理由,不能拒绝。三个月的试用期结束后,公司对其工资进行了调整,变成了6000元一个月。半年后,蓉蓉由于怀孕便向该软件公司申请居家办公,一个月后,蓉蓉提出继续居家办公,但公司没有同意。又一个半月后,该软件公司对蓉蓉下达了书面通知书,其中说到,根据双发之前所签订的劳动合同将其岗位调整为行政助理,同时工资也调整为2000元一个月。蓉蓉对公司所做出的决定表示反对,同时蓉蓉也因为怀孕花费医疗费用2200元。

之后蓉蓉因为与单位产生工资纠纷向劳动仲裁委员会提起申诉，劳动仲裁委员会经过裁决决定撤销该软件公司对蓉蓉做出的调岗和降低工资的决定，并告知该软件公司须继续按照原合同中约定的工资标准履行合同。同时补发所欠的工资与生育医疗费。该公司不服仲裁委员会的裁决，向当地人民法院提起诉讼。

分析：根据《中华人民共和国劳动法》和《中华人民共和国劳动合同法》的规定，变更劳动合同双方主体应该平等协商一致，也不得违背法律、行政法规的规定。根据《女职工劳动保护规定》第四条规定，不得在女职工怀孕期、产期、哺乳期降低其基本工资，或者解除劳动合同。在这个案例中蓉蓉怀孕后都属于用人单位单方面变更岗位工资，属于单方面变更劳动合同。同时按照相关法律的规定，用人单位应该支付女职工在职期间的医疗费。所以这个案例的判决应该是，撤销用人单位关于调整蓉蓉工作岗位、工资的通知，双方继续履行原合同，同时补发所欠蓉蓉的工资与生育医疗费。

五、法律对进城务工人员的工资有哪些保护

进城务工人员的工资关系到家人的吃饭、孩子的上学、养老等很多的问题,但是在实际生活当中,个别进城务工人员做着和很多人一样的工作却得不到一样的工资,他们在付出辛勤的劳动之后,没有得到相应的报酬。这种情况下,进城务工人员学会用法律的手段来维护自己的权益,得到相应的工资,就变得尤为重要。

问题1:用人单位应该怎样支付进城务工人员的工资才合法?

案例:从小在农村生活并长大的小强参加高考失利后未能如愿步入大学的校门,同时由于家里经济情况不太好,他决定放弃复读并与同村的小斌一起去广东打工。他们找到了一家家电制造公司,同时与该公司签订了为期两年的劳动合同,合同中约定,小强为电器加工制造车间的流水线工人,每月工资为5000元,采用标准工时制,但他们并没有注意到合同中没有约定工资的发放日期。开始工作后小强发现,公司并没有按照他所想的那样按月发放工资,而是按季度发放工资。于是小强等人找到了公司领导去反映这件事情,想要公司可以按月给他们发放工资。结果得到的回复却是按季度发工资一直是公司的惯例,同时这样做也可以缓解公司的流动资金压力,对于公司的整体经营和发展有好处,因此希望员工可以理解和配合公司的决定。但小强由于从家里出来并没有带多少钱,公司这样的制度导致他们平时的生活难以为继，双方产生了争执。小强等向劳动仲裁委员会提出了劳动仲裁，请求公司按照法律法规按月发放工资。

分析：根据《中华人民共和国劳动法》第五十条的规定："工资应当以货币形式按月支付给劳动者本人，不得克扣或者无故拖欠劳动者的工资。"划重点，按月支付给劳动者本人。《中华人民共和国劳动法》第九十一条规定："用人单位有下列侵害劳动者合法权益情形之一的，由劳动行政部门责令支付劳动者的工资报酬、经济补偿，并可以责令支付赔偿金：（一）克扣或者无故拖欠劳动者工资的……"

所以说小强等人可以解除劳动合同并要求用人单位赔偿，也可以要求用人单位改正不合法行为继续履行合同。总之，劳动仲裁委员会应该支持小强等人的诉求，要求用人单位按月发放小张等人的工资。

再来看我们的核心问题，用人单位怎样支付进城务工人员的工资才合法呢？首先应该按照《中华人民共和国劳动法》要求的已经签订的合同来执行。如果签订的合同中没有规定工资的发放制度，《中华人民共和国劳动法》对此做了相关规定：①在工资支付形式上，工资应该以法定货币支付，在我国自然是人民币支付为条件，不得以实物及有价证券替代货币支付。工资应当支付给劳动者本人，本人因故不能领取工资的,可由其亲属或者委托他人代领。用人单位在支付工资时,可由委托银行代发工资。②在工资支付时间上,工资必须在用人单位与劳动者约定的日期支付。如遇到节假日或者休息日,则应提前在最近的工作日支付。工资至少每月支付一次。实行周、日、小时工资制的可按周、日、小时支付工资。对完成一次性临时劳动或某项具体工作的劳动者,用人单位应该按照有关协议或者合同规定在其完成劳动合同约定的临时性工作后支付工资。③工资支付数额,工资不能低于法定最低工资标准,并应当全部支付,用人单位不得非法克扣劳动者工资。④非全日制用工的劳动报酬结算支付周期最长不得超过15天。劳动关系双方依法终止或者解除劳动合同时,用人单位应该在解除或者终止劳动合同时一次付清劳动者工资。

同时,用人单位在特殊情况下,也需要支付工资,这些情形包括:①劳动者工在法定工作时间内依法参加社会活动期间,用人单位应视其提供了正常的劳动而支付工资。这些活动包括:依法行使选举权和被选举权;当选代表出席乡镇、区以上政府、党派、工会、共青团、妇女联合会等组织召开的会议;出任人民法庭证人;出席劳动模范、先进工作者大会;《中华人民共和国工会法》规定的不脱产工会基层委员会委员因工会活动占有的生产或者工作时间;其他依法参加的社会活动。②劳动者依法享受的法定休息日、年休假、探亲假、婚假、丧假、产假、工伤期间,用人单位应按劳动合同规定的标准支付劳动者工资。③非因劳动者原因造成的单位停工、停产在一个工资支付周期内的,用人单位应该按照劳动合同规定的标准支付劳动者工资,超过一个工资支付周期的,若劳动者提供了正常劳动,则用人单位支付给劳动者的劳动报酬不得低于当地的最低工资标准;若劳动者没有提供正常劳动,应按照国家有关规定办理。④劳动者在停工学习、调动工作、被错误羁押或者错误服刑期间的工资应当按照劳动合同的约定或国家相关规定依法支付。

问题2:用人单位能调整进城务工人员的工资吗?

案例:一直在家务农的小凯觉得日子逐渐难以为继,于是决定外出打工,他找到了一家副食品加工厂,同时和该工厂签订了为期三年的劳动合同,合同中约定小凯的工作时间为标准工时制,每天工作八个小时,每周休息两天,工资为4000元,小凯对这份工作非常满意,工作干劲十足。刚开始的几个月该工厂都能按时向员工发放工资,但半年后,公司生产的产品出现了滞销的问题,因此导致严重的经营困难和财务危机,厂领导提出为了激发员工的工作积极性和热情决定将之前的固定工资结构改为底薪加提成的方式,这样每位员工就会为了更高的工资而更加努力地工作,进而提高工作效率和公司经营水平。此方案获得了工会的认可和同意。于是小凯的工资也变成了2000元底薪加提成的方式。小凯觉得该工厂没有履行之前合同中所约定的条款,未经过他本人同意随意调整他的工资结构是违约的,因此他向劳动仲裁委员会提出劳动仲裁,要求该副食品加工厂继续按照之前劳动合同中所约定的那样对其进行工资发放。

分析:通过阅读前面的内容我们已经知道,在劳动合同签订之后,用人单位是不可以擅自单方面变更工资发放的方式和数量的。但是《中华人民共和国劳动法》第四十七条规定,用人单位可根据本单位的生产经营特点和经济效益,依法自主确定本单位的工资分配方式和工资水平。可以看出确定本单位的工资分配方式和工资水平,是用人单位依法享有的自主权。根据这个案例我们可以知道,用人单位因为经营困难而改变原来的工资结构对小凯是有效的,虽然他们之前的劳动合同中有明确的规定,但是调薪是针对所有工作人员的,所以不用和小凯单独协商,所以小凯的劳动仲裁请求得不到劳动仲裁委员会的支持。

问题3:进城务工人员被拖欠工资应该怎么办?

案例:年中小琪、小方承包了某工厂的厂房和公司办公楼的建设工程项目,于是便雇佣小阳、小章等由135名进城务工人员所组成的建筑施工队用于建设该项目。小阳和小章等进城务工人员按照小琪、小方对于工程项目的要求施工了135天,小琪、小方除付给小阳、小章等进城务工人员应有的基本生活费外,未向原告135位进城务工人员支付应得的工资。而春节临近,进城务工人员们忙活了达四个多月,却没有得到任何的回报,无法回家过年。因此进城务工人员组成的代表多次向小琪、小方催要他们所欠的工资款,但二人均以甲方未向他们及时拨付相应的工程款项为由拒绝为进城务工人员支付工资。走投无路之下,进城务工人员组织代表多次向该地的信访局、人事局、劳动仲裁委员会反映相应情况,请求相关部门能够帮助他们解决拖欠工资的问题。

分析:这个案例是关于进城务工人员工资被拖欠了应该如何处理的。根据我国的法律规定,用人单位是应该及时发放劳动报酬的,如果没有及时发放应该承担相应的行政责任和民事赔偿责任。

那么在进城务工的过程中,如果真的遇到了工资拖欠的问题,应该怎么做呢?首先,最重要的当然就是理性,在理性的同时要注意保留证据,来证明自己和对方是存在劳动关系的,要是行为人逃匿导致工资账册等证据材料无法调取或者是用人单位没有在规定的时间内提供有关工资支付等相关证据材料,人社部门就应该及时对劳动者进行笔录,同时积极收集相关证据。接下来就是推举出进城务工人员当中比较有威望的人去与用人单位协商解决,因为即使要起诉第一步也是调解。接着可以找当地的劳动部门来维权,按照《中华人民共和国劳动法》规定,用人单位有下列侵害劳动者合法权益情形之一的,由劳动行政部门责令支付劳动者的工资报酬、经济补偿,并事责令支付赔偿金:克扣或者无权拖欠劳动者工资的;拒不支付劳动者延长工作时间工资报酬的;低于当地最低工资标准支付劳动者工资的;解除劳动合同后,未依照本法规定给予劳动者经济补偿的。进城务工人员可以将情况如实反映,由劳动仲裁委员会进行调解。如果到这一步还不能解决,就要拿起法律的武器用劳动仲裁或者民事诉讼来要求用人单位支付工资。如果被判付薪资的用人单位拒不执行,那么我们可以要求法院追究相关负责人的刑事责任,进行定罪。

参考文献

[1] 柳西波,丁菊,黄睿.《农村电商》[M].北京:人民邮电出版社出版发行,2020.7

[2] 裴涵等.《农村电商运营:从策略到实战》[M].北京:电子工业出版社,2018.3

[3]王倩.气象灾害对滕州市马铃薯种植的影响及应对措施[J].农业灾害研究,2022,12(01):112-114.

[4]刘文果.山东地区农作物科学种植与病虫害防治技术探究[J].农业开发与装备,2022(06):215-217.

[5]文明寿.农作物科学种植及病虫害防治技术[J].新农业,2020(09):15.

[6]赵衷彬,刘家梅.武陵山区"互联网+"特色农业发展思路——以湖北省恩施州咸丰县为例[J].农村经济与科技,2019,30(21):206-208.

[7]马飞凡.乡村振兴视角下新疆乡村旅游宣传推广研究[J].旅游与摄影,2022(06):18-20.

[8]李怡宏,肖云梦.新媒体背景下乡村旅游推广渠道探析[J].乡村科技,2019(36):21-22.

[9]朱彩云.新媒体背景下贵州乡村旅游的宣传策略研究[D].贵州

民族大学,2021.DOI:10.27807/d.cnki.cgzmz.2021.000108.

[10]王维维,丁曦,张越."互联网+"背景下乡村旅游推广策略探析——以汉中市为例[J].旅游纵览,2022(04):188-190.

[11]付检新.新型城镇化视角下乡村旅游的生态化转型[J].农业经济,2017(06):46-47.

[12]刘江海.生态文明视域下乡村旅游开发的生态化转型[J].包头职业技术学院学报,2020,21(02):80-83.

[13]胡延华,李世超.《农村就业创业百问百答(新时代乡村振兴百问百答丛书)》[M].广州:广东人民出版社,2019.9

[14]夏征,陈至立.《大辞海(经济卷)》[M].上海:上海辞书出版社,2015.12

[15]鲁桂华.《工伤保险行政纠纷典型案例解析》[M].北京:中国法制出版社,2022.4

[16]林广毅,王昕天,李敏等.农村电商100问[M].北京:中国人民大学出版社,2017

[17]谢良敏,毕颖.《农民工权益维护手册》[M].北京:中国工人出版社,2006.